お母さんは、だいじょうぶ

認知症と母と私の20年

文　楠 章子
まんが　ながおか えつこ

毎日新聞出版

登場人物紹介

母
トマト

前向きで、
新しいことが好き。
おしゃれさん。

父
ナッパ

昭和一桁生まれ。
気難しく、頑固。

私
オマメ

45歳の物書き。

はじめに

十の家があれば、
十の介護の仕方があるはず。
これは我が家のお話で、
一つの例でしかありませんが、
ああ、これはうちと同じだなとか、
いや、うちの方が大変だけど、
頑張ろうかなと思いながら、
読んでいただけたら、うれしいです。

兄
オイモ

すごーく
真面目な
サラリーマン。

姉
オネギ

自分でお店を
経営している、
しっかり者。

猫1

和猫。

猫2

洋猫。

キクナ

老犬。

もくじ

第1章 介護うろうろ期

第2章 介護どたばた期

第3章 介護ほのぼの期

第1章

介護うろうろ期

始まりはとてもあいまいで

母トマトは、認知症を患っています。そして私オマメは、その介護をしています。

トマトの様子が少しおかしいなと感じたのは、二十年ほど前でした。

そう二十年ほど前、たぶん二十年ほど前です。始まりはとてもあいまいで、あの日からとかあの時からみたいな、はっきりしたことはわからないのです。

同じことを何度も聞くなあ、言ったはずなのに忘れていることが多くなったなあということがちょこちょこあって、今思えばそういうのが初期症状だったんでしょうけれど、考えたくなかったというか、考える余裕がなかったというか。

二十年前。

トマトは六十歳を過ぎたばかりで、私は二十五歳でした。

二十五歳の私は自分のことに精一杯でした。大学卒業後に就職した会社を辞めて、アルバイトをしながら劇団活動をしていました。大学では児童文学の勉強をしていましたが、書くことは何でも好きでした。脚本もおもしろそうだなと思って書いてみたら、すっかりはまってしまい、仲間たちと舞台を創り上げていく日々は、忙しいけれどものすごく楽しくて。

きっと多くの人が同じだと思うのですが、社会に出て行けば、だんだん親との関係はうすくなっていくのではないでしょうか。これは悲しいことでもひどいことでもなくて、ごく普通の人生の流れではないかと。また、父ナッパは干渉されるのが大嫌いな人で、「お母さんとお父さんは、二人で好きにやっているから、放っておいてくれ」が口癖。

私と姉オネギの住む家は、ナッパとトマトが住む家のすぐとなりに建っています。もともとは、トマトとナッパのいる家に私も兄も姉も一緒に住んでいました。まず社会人になった兄オイモが出て行き、次に姉と私がとなりの家を買って、出ました。家を出てすぐの頃は、しょっちゅうトマトとナッパのところに行っていました。ご飯を食べに帰る、お風呂に入りに帰る、おやつを食べに帰る、お昼寝をしに帰る、何もないけど帰るという感じで。

でも、だんだん私もオネギも帰らなくなり、トマトと話すのは、家の前でばったり会った時ぐらいになりました。トマトは、家の前に並べた植木によく水をやっていました。

ある時、出かけようとする私に、水やりのためのホースを持ったトマトが話しかけてきました。

「オマメちゃん、今からお仕事？」

私は、あれ？と思いました。その日は、ついさきほども会い、今日はお休みなのだと話したばかりでしたから。

「今日は、お休みやって」

と私が言うと、トマトは初めて聞いたような顔をしてほほえみます。

微妙な違和感は、小さなサインでした。が、私はあまり気にとめませんでした。姉オネギもそうだったと思います。ちょっとばかりもの忘れのようなことがあっても、年をとればそれぐらい……と都合よく思っていました。

初期症状

コーヒー飲む？
カチャ
カチャ
さっきも聞かれた・・・
いらない
あら、そう
コーヒー飲む？
カチャ
カチャ
フワ〜
エンドレス・・・
あっそうだ
コーヒー飲む？
いえ…
カチャ
カチャ
ガチャ
ガチャ
カチャ
カチャ
カチャ
カチャ

たぷたぷ

断るから何度も聞くのか…
コーヒー飲む？
ありがとう
おいしいね
よかった
飲み終えたころ・・・
コーヒー飲む？
う、うん
カチャ
エンドレス…
ぐったり～
うっ
たぷたぷ
さっコーヒーいれるわね

ぼんやりとしていました

トマトに微妙な違和感を感じるようになった頃。

ナッパのすすめで、私はアルバイトを辞めて、駅前で本屋さんを始めました。私はしっかりしているつもりでいましたが、ナッパにしたら、アルバイトをしながら脚本を書いている娘が、心配だったようです。

本屋さんは、トマトのためでもありました。忙しく働いていれば、もの忘れ予防になるとナッパは考えたのです。

うちはずっと町のお風呂やさんを営んでいて、トマトは番台に座っていましたが、その合間に本屋さんに来てくれました。

さて一緒に働いてみると、トマトのもの忘れは、思っていたよりもひどいことがわかりました。午後一時にお店に来てもらう約束だったのに、三時頃ひょこっと現れたり、お客さんから受けた本の注文を放ったらかしにしてしまったり、雑誌の整理作業をお願いしたのに、途中で止めて他のことをしていたり。年をとったらこれぐらいのレベルを超えていました。

そんなトマトを見て、私もナッパも心の中でつぶやきました。(ああ、アルツハイマーやな)と。

実は亡くなったおばあちゃん(母の母)が同じような感じで、若年性アルツハイマー型認知症という診断を受けていたからです。おばあちゃんが診断を受けたのは今から三十五年以上前、認知症という言葉ではなく痴呆《ちほう》という言葉が使われていました。私はまだ小学生でしたが、いいお薬もなく、適切なアドバイスをしてくれるお医者さんもいなかったと記憶しています。

その記憶があるので、私たちは、認知症は治らない病で処置のしようもないと思い込んでいました。

この時点で診断を受け、進行を遅らせるお薬を飲み始めていればと悔やまれますが、治らないなら、診断を受けたくないと思ったのです。はっきり若年性アルツハイマー型認知症ですと言われるのが怖かったし、トマトにも知らせたくなかった。

検査をすることで、勘の鋭いトマトは、自分の病を疑うでしょう。おばあちゃんのことを重ね、ショックを受けるに違いありません。アルツハイマー型認知症は脳が萎縮するというけれど、トマトの脳がそうなっている画像なんて見たくない。

これから少しずつ進行していくんだろうなとイメージしましたが、それはかなりぼんやりとしていました。おばあちゃんは離れて暮らしたまま亡くなっていましたから、トマトがこの先どうなっていくのかは、わかるようなわからないような。

不安でしたが、日常生活はそれほど困らずに送っていました。ミスはするけれど、全てを忘れてしまうわけではないので、お風呂やさんの番台に座っていたし、本屋さんの店番もしていました。食事の用意も出来るし、楽しくおしゃべりも出来ます。

受け入れて見守るしかないだろうなとは思いつつ、そんな覚悟もぼんやりとしていたように思います。そうして日々は、静かにゆるやかに流れていきました。

手

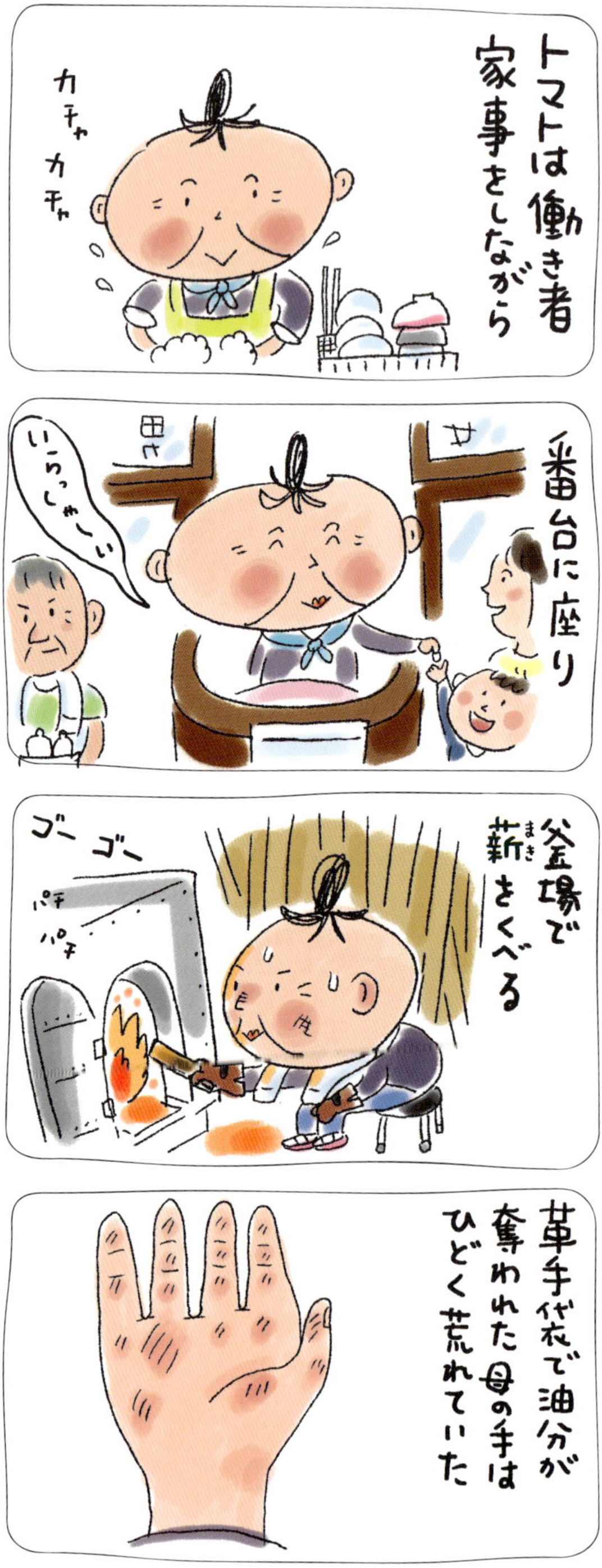

トマトは働き者
家事をしながら
カチャカチャ
番台に座り
いらっしゃ〜い
釜場で
薪《まき》をくべる
ゴーゴー
パチパチ
革手袋で油分が
奪われた母の手は
ひどく荒れていた

雨ニモ夏ノ暑サニモ

家のうらのおふろやさん
ザッ
金泉湯
ゆ
駅前の本屋
BOOK SHOP
チリン
チリン
雨ニモマケズ
風ニモマケズ
夏ノ暑サニモ
マケズ
BOOK SHOP
イツモアカルク
イツモニコニコ
大阪の
おばちゃん
べんりグッズ
傘ホルダー
チリン
チリン…

お薬を飲むようになるまで

本屋さんを始めて二年ほど過ぎ、トマトの症状は少しずつ進んでいきました。

「おばちゃん、お薬飲んでるん？」

ある日、幼なじみのイチゴちゃんが、私に聞きました。

「ううん、病院にも行っていない。行っても、治るわけじゃないしな」

私が消極的なことを話すと、イチゴちゃんは教えてくれました。

「今は進行を遅らせるお薬があるんやで」

イチゴちゃんは薬剤師です。アリセプトというお薬が、日本で使用承認されたとのこと。

「そうなんや、でもなあ」

私はすぐに「じゃあ、飲ませるわ」とは言えませんでした。承認されたばかりで先に飲んだ人がいない……脳に作用するお薬……副作用で攻撃的になったりするかもしれない。不安要素がいくつもあります。私だけでなく、オネギも迷いました。

イチゴちゃんは言いました。

「私なら飲んでもらう。進行が遅れれば、おばちゃんはオマメちゃんたちと一緒に楽しく過ごせる時間が長くなるってことやもん」

その言葉に背中を押されました。でも父ナッパが反対したら、やめるつもりでした。

お薬のことを話すと、ナッパは意外にもあっさり「飲ませてあげて」と言いました。お薬を処方してもらうためには、まず診断してもらわなくてはなりません。さあ、どこの病院に行こうか。町の中にある診療所にしようか、大きな病院にしようか。あれこれ考えて、以前、高血圧の治療のためにトマトが通っていたM先生のところにしました。顔見知りの先生の方が、トマトが安心だと思ったからです。

認知症診断をしてもらうことについて、私は事前にM先生に相談をしました。これまでのトマトを見ていて、認知症であることを認めたくはないのだろうと感じていたからです。

M先生は、トマトの心を傷つけないように配慮してくださいました。認知症のテストをする時は「六十歳を過ぎると、みんなするもんやから」と説明し、「最近、困っていることはないですか？」とさりげなく問いかけてくれました。

「もの忘れが多くて、嫌になります」

と心細そうな顔をして、トマトは先生に話しました。

認めたくなくても、心の内では助けを求めていたのかもしれません。

トマトが受けたテストは長谷川式というものでした。想像していた以上に、トマトは正しい答えを言えませんでした。

（こんなに出来ないんだ）と、私はショックを受けました。

それから、ＭＲＩの撮影で脳の萎縮が認められ、トマトは「アルツハイマー型認知症」という診断をはっきり受け、お薬を飲み始めました。

テスト

3つの言葉を覚えておいてください
桜
猫
電車…
100-7
93!
25-11
14!
じゃ、これは？
15-3
12!
すごい！番台できたえた計算力!!
さっき覚えた言葉を言ってください
…
らっきょ…
にんじん…
かまぼこ…
すきなもんばっかり…。

おしゃれさん

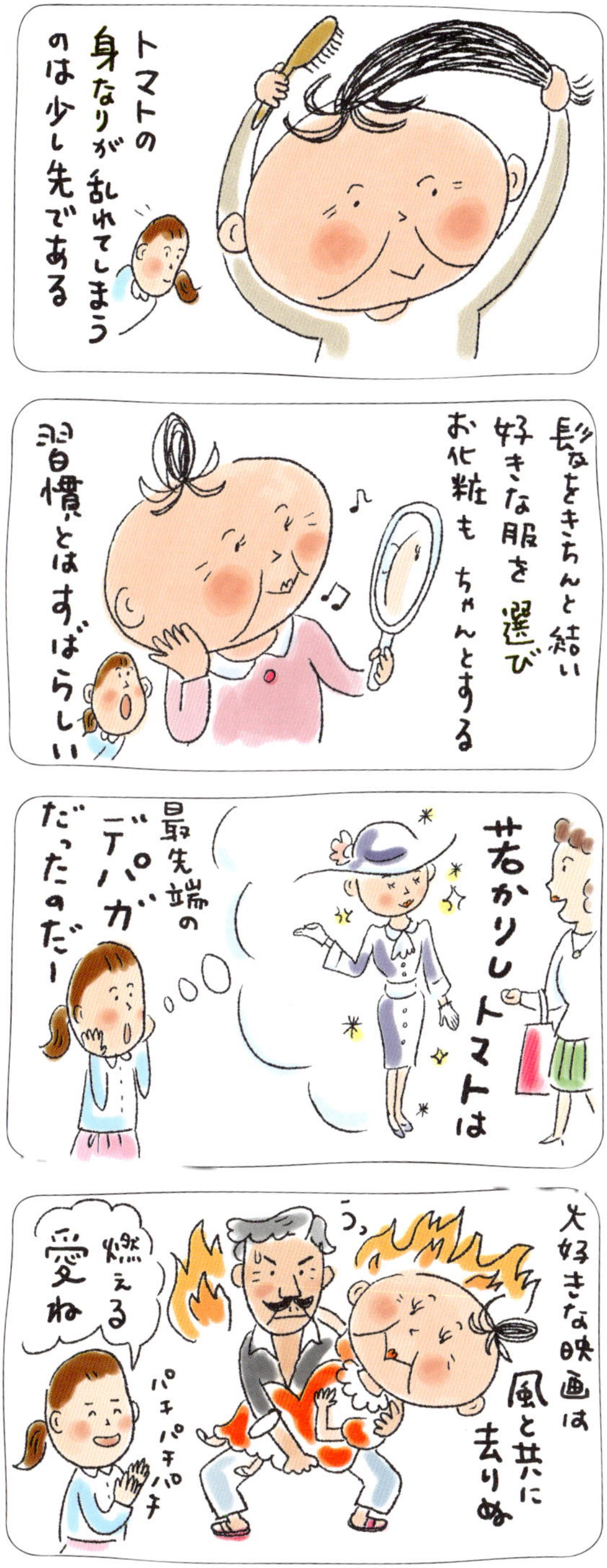

トマトの身なりが乱れてしまうのは少し先である
髪をきちんと結い
好きな服を選び
お化粧も ちゃんとする
習慣とはすばらしい
若かりしトマトは
最先端の
デパガ
だったのだー
大好きな映画は
風と共に去りぬ
う、
燃える愛ね
パチパチパチ

隠していました

病院に通い出しお薬を飲み始めても、私は母トマトのことを隠していました。イチゴちゃんのように、ごく親しい人にしか「母が認知症」だとは話していませんでした。奇異の目で見られるのが怖かったというのもあるし、話せる人がまわりにいなかったというのもあります。

私は心配ごとなど別にないよという顔をして、頭の中ではいつも母のことを考えていました。友だちのお母さんやお父さんで介護が必要な人はいなくて、みなさんまだまだお元気でした。実家暮らしの友人は、お母さんに毎晩夕飯を作ってもらっていました。そうして甘えられることを、うらやましく思いながら、「うちのママのおかず、組み合わせが変やねん。昨日もマカロニグラタンと塩鯖やで」と話す友人に、「そうなんやあ」と笑いながら相槌《あいづち》をうっていました。

トマトの症状は徐々に進み、やがて調理していることを忘れてよくお鍋を焦がすようになりました。ご飯を日に何度も炊いては、ナッパを困らせました。食材を上手く使いきれず腐らせてしまったり、腐った食材を調理してしまったり。冷蔵庫のものを全部ぺろりと食べてしまったりということもありました。そうして冷蔵庫に食材を入れておけなくなり、トマトはだんだん料理が出来なくなっていきました。

それでもそんな我が家の状況を、私は友人に話せないままでした。

結果、我が家の介護は、最初かなり閉じてしまったのです。

ナッパは覚悟を決めて、トマトを看るつもりでいました。ナッパの気持ちは立派でしたが、それがかえってトマトを囲ってしまったのかもしれません。夫婦二人で暮らしていて、旦那さんが奥さんを介護する場合、うちのように囲ってしまうことは多いようです。

私は、「お母さんは、お父さんにまかせておけ」というナッパの言葉に甘えながら、トマトに、認知症というものに向き合えずにいました。いろいろ心配で気にしながらも、たまに様子を見に行くぐらいで。

買い物はナッパがするようになり、トマトはナッパの指示で簡単な調理（おうどんを作ったり、お肉を焼いたり）ぐらいはしていました。あとは出来合いのおかずを買ってきたりしていたようです。

着替えについてはナッパも手伝えず、何となくそのままになっていました。一ケ月同じものを着ていたということはないですが、まめに着替えてはいなかったと思います。お母さんの着替えを手伝うというのは、けっこうハードルが高くて、だいぶ先まで声をかけることが出来ませんでした。

声をかければ、プライドを傷つけてしまうのではないかと、変な気づかいをしてしまって。見て見ぬふりの日々でした。私のことを、みなさん孝行娘だと言ってくださるのですが、そんなことないんです。

ごはん

家族がお腹をすかせたら
すぐにお腹いっぱい食べ
させてあげたい
と思って
いる
だから
炊く
ザッザッ
でもトマトはすぐ忘れ
てしまう
パカッ
ホカホカ
ナッパが容器
につめて
冷凍庫に
しまう
トマトは炊く
パカッ
ピー…
ワン!
冷蔵庫まで
母の愛でぱんぱん!!
でも
叱れないの
である
ヒエヒエ〜
ヒエヒエ〜
MILK

おいでコール

RRR・・・
別々に住むようになっても
時々電話がかかってくる
お好み焼き焼いたよ
おいで〜
お好み焼き
ナッパ
不定休
わが家ではお好み焼きとすき焼きだけはナッパがつくり・・・
家族で食べる
いらっしゃい!
ジュージュー

お父さんの気持ち

このあたりで、お父さんのことを少し。トマトのことを語るには、ナッパのことも語らなくてはなりません。トマトの生活のほぼ全ては、ナッパと共にありましたから。

ナッパは、頑固で気難しく、「うるさい、黙れ！」とすぐに怒鳴るような人ですが、その性格と持っている情の深さは別で、子煩悩《こぼんのう》でしたし、トマトのことをとても愛していました。

幼い私を、ナッパはよくレストランに連れて行ってくれました。そして、必ずおもちゃか本を買ってくれました。今思えば、忙しいトマトに自分の時間を作ってあげるためだったのでしょう。

ナッパもトマトも、実によく働きました。うちは町のお風呂やさんでしたから、女は重要な働き手でした。祖父が始めたお風呂やさんは家族経営で、祖母とトマトは交代で番台に座っていました。祖父が亡くなってからは、釜場のような男の仕事も、トマトが担っていました。

ナッパはサラリーマンで、会社勤めをしながらお風呂やさんの仕事もしていました。会社から帰ってきてから釜を焚《た》き、浴槽を洗っていました。サラリーマンとしての休日は日曜日ですが、お風呂やさんは木曜日が定休日なので、ナッパは休日というものがないまま、定年まで兼業で働き続けました。

お風呂やさんの仕事というのは、夜の十二時頃まであるのです。しかも、年末は三十一日まで、年始は二日から朝風呂。朝風呂の準備のため、元日の夜中から釜を焚きます。お正月は三日だけがお休みで、三日に初詣に行くのが我が家の決まりでした。そんな生活ですから、もちろん旅行などしたことはありませんでした。

さらにトマトは、祖父と祖母の面倒も看ました。祖父も祖母も百歳近くまで長生きしたので、晩年は介護が必要でした。昔は今のように介護のサービスは充実していませんでしたから、ほとんど家で看ていました。大変だったと思いますが、トマトはいつも明るく前向きでした。

同居していた祖母と祖父が亡くなり、私たちが親離れすると、ナッパはトマトと出かけるようになりました。日曜日になると、仲良く二人で花見や水族館に行き、美味しいものを食べて帰ってくる……そういう日々が数年はあったかと。頑張ってきた二人に、おだやかで豊かなその数年があって、本当によかったなあと思います。

トマトの認知症の症状が進むにつれ、二人はだんだんお出かけしなくなりましたが、ナッパは常にトマトのそばにいました。共に苦労してきたトマトを、認知症になったからといって、不幸せにしたくなかったのでしょう。病気になっても幸せでいられるように、寄り添い、守ろうと決めたのだと思います。まさに結婚式の誓いの言葉……健やかなる時も病める時も、喜びの時も悲しみの時もです。これを愛し、これを敬い、これを慰め、これを助け、その命ある限り、真心を尽くす。

お出かけ

銭湯は3時半に
のれんをかける
金泉湯
いってきまーす!
お出かけしても
それまでに帰らなくては
ならない
もちろん一泊旅行など
したことはない
ガタン ゴトン
私たちのお出かけコースは
レストランで
ハンバーグセット
おいしい
アイスもたのもう
いつも決まったコース
だけど楽しみだった
ただいまー
おかえり
金泉湯

生き物たち

ナッパの情の深さは
生き物にも・・・
チッチ
ピロピロ〜
ピッ
多い時で
犬6 猫3
小鳥5?・
熱帯魚・・・
ワンッ
ニャ
ゴロゴロ
65才の時
子犬を連れてきた
子犬が
15年生きたら
ナッパは
80才
飼うと言ったら
飼うんだ!!
イテテ…
80才
15才
その子犬が
キクナである

髪をとかす

トマトは、おしゃれな人でした。髪を器用に結い上げ、爪にはいつも薔薇《ばら》色のマニキュアを塗っていました。きれいな色の口紅を何本も持っていて、洋服を毎日センスよくコーディネートして着ていました。

けれど料理が出来なくなってきた頃、身だしなみも乱れていったように思います。何日も同じ服を着て、髪はボサボサ。寒い日に裸足だったりもしました。

私は気になっていながらも、見て見ぬふりでした。着るものを用意したり、髪をとかしたり、どのタイミングでそれをすればいいのか戸惑っているままでした。なぜそんなに手伝うことをためらったのか。当時はなぜだか自分の気持ちをつかめずにいましたが、今考えると、親を子ども扱いするような気がしたからでした。親を子ども扱いする情けなさのようなものを感じたくなかったし、親にもそれを感じてほしくなかったのでした。

もともとべったりした親子関係ではなかったですし。となりの家とはいえ、一緒に住んでいませんでしたから、放っておくのは簡単なことで。

私がトマトのお世話をするようになったのは、今度はイチゴちゃんのお母さんのおかげです。イチゴちゃんのお母さんは、トマトがおしゃれだったのを知っている人で、だからこそ変わってしまった姿を見ていられなかったのだと思います。

「オママメちゃん、お母さんの髪の毛、切るとか、もっと何とかしてあげたら？」

とイチゴちゃんのお母さんは、私に言ってくれました。

聞けば、ボサボサの髪でふらふら歩いているトマトのことは、イチゴちゃんのお母さんだけじゃなく近所の人たちも気になっているとのことでした。

それを聞いて、はっとしました。

トマトは、小さな私の身なりもいつもおしゃれにしてくれていました。髪をとかし、かわいい服を用意して着せてくれて、一度たりとも私は身なりで恥ずかしい思いをした記憶がありません。なのに私は、トマトに恥ずかしい思いをさせてしまっている……。

猛反省しました。そしてその日、私はトマトの髪をとかしました。トマトのタンスの引き出しを開け、服を選び、着るお手伝いをしました。

髪を結い、出かける日にはお化粧もしました。オネギが爪を手入れし、トマトの爪はまた薔薇色になりました。おしゃれさんに復活したトマトを見て、ナッパはうれしそうでした。

髪をとかす、ただそれだけのことが、私には大きなことでした。トマトの介護をしていくきっかけとなったのです。やってみれば、それはトマトを子ども扱いする感じではなく、女友だち同士が仲良くおしゃれを楽しむのに似ていました。

コーディネート

世話をやかれると
イヤがるかと思っていた
が・・・
ドキドキ
案外素直
これは?
こっちもいいね
明るい色を
たくさん着て
めざせ!!
かわいい
おばあちゃん
プロデュース By オママ

ヘアスタイル

トマトは長い髪を
じょうずに結い上げ
必ず髪飾りをつける
自分で結わなくなって、
私がするようになった
ムズカシイな…
切ろうかな…
ショートカットのトマトを想像してみた
カキ!?
ナスビ!?
カブ!?
ドングリ!?
ピンとこないので
そのままである
にあうー
最近はヘルパーさんも
時々結ってくれる
かわいー
ヘルパーさん

ゴミを拾う

我が家の前は公園です。飼い犬のキクナを連れて散歩するのが、トマトの日課でした。認知症が進行しだすと、すでに行ったことを忘れて一時間に何回も出かけていました。キクナは何度でも、トマトにつきあってくれていました。

公園には、マナーが悪い人が捨てたゴミがよく落ちていました。トマトはそれを拾ってきては、自分の部屋にためこんでいました。菓子パンやお菓子を包装してあるビニール袋、空きビン、アイスクリームのカップやアイスクリームを食べるためのプラスチックや木のスプーン、タバコの紙箱。

私たちにはゴミでしかなくても、トマトには「いいもの」だったようで、菓子パンのビニール袋はきれいにたたまれ、木のスプーンは大事そうにティッシュペーパーに包まれていました。トマトにとっては大事なものでも、やはりゴミはゴミです。衛生的にも問題があるし、毎日どんどん拾ってくるので、トマトの部屋はゴミだらけ。勝手に捨てると怒るので、こっそり少しずつ捨てていました。

介護認定調査の時、「ゴミを拾ってくる」という項目があり、この行動は母だけの症状ではないと知りました。収集癖は、認知症の症状の一つだそうです。

そのうち、食べられないものがわからなくて何でも食べてしまうようになると、この収集癖は危険になってきました。

様子を見に、トマトとナッパの家をのぞくと、トマトが缶コーヒーを飲もうとしていました。

トマトもナッパも缶コーヒーを飲む習慣はありません。

ないものがある？↓拾った？↓飲む？↓ダメ！

公園にあった飲み残しのコーヒーなんて、飲んではダメ！

私は慌てて、トマトから缶を取り上げ、中の液体を捨てました。すると、ぞっとしたのですが、缶の中に入っていたのは飲み残しのコーヒーではなく、まっ黒な液体でした。

少し飲み残したコーヒーに、タバコの吸い殻を入れてあったのです。ニコチンが溶け出した液体は、毒です。トマトがこの黒い液体を飲んでいたら、さらにそれに気づかないまま時間が経過していたら……と思うと恐ろしかったです。

また秋には、銀杏のあの臭い実をたくさん拾ってきて、食べようとしていたこともありました。臭いだけでなく、素手で触るとかぶれるほどアクの強い実です。

「こんなもの食べられないよ！」と叱ると、トマトは「どうして？」とキョトンとしていました。

トマトにしたら、銀杏の実は果物のように思えたのかもしれません。

私はナッパに「よく気をつけて、見ておいて」と頼みました。おかしなものを食べてしまえば、命にかかわります。目が離せなくなってきました。つい強く叱ってしまうようになるのも、これぐらいの時期からです。

私は三十代になっていたので、トマトは発症から七年ぐらい経っていたかなと思います。

コレクション

昔トマトと散歩をして
わーい ドングリー
いいねー
宝物を拾った気分だった
楽しかったな
キレイー!
トマトのゴミ拾い
楽しそう…
捨てにくいなあ

コレクション その2

トマトの拾ったもの
なるべく捨てずに玄関に
かざってみる
ある日
大量のセミの
抜け殻発見!!
ギャー!!
ゴミの日
火・金
ごめん。
チーン

迷子

一月三日の夕方、ナッパが慌てて、私とオネギの家のチャイムを鳴らしました。ドアを開けると、ナッパは言いました。

「お母さんが帰ってこないんや」

「え！　いつからいないの？」

私が尋ねたら、散歩に出て、もう数時間経つということでした。日は暮れて、外はすっかり暗くなっています。

お正月でのんびり過ごしていた私とオネギは、急いでコートをはおり外に出ました。肌をさすような風が吹く、寒い日でした。

ナッパも一緒に探そうとしましたが、トマトが帰ってくるかもしれないので、ナッパには家にいてもらいました。自分では、けっこう落ち着いて対処しているつもりでした。

警察に電話をかけましたが、トマトは保護されておらず、ということはこの寒い中、迷子になっているのです。早く見つけてあげなくては。けれど、どこを探してもいません。

トマトが迷子になるのは、初めてのことではありませんでした。ちょくちょく帰ってこられなくなっていました。でも、たいてい近所にいて、迷いながらもそのうち自力で帰ってきたり、ナッパが探せばすぐに見つかったりしていたのです。

ナッパは目を離さないようにしていましたが、鍵をかけておいても開けて出てしまうし、閉じ込めてしまうのはかわいそうだしということで、これといった対策はしないままになっていました。

あの頃は、何でも後手後手だったなあと反省。鍵を工夫するとか、服に名前と連絡先を記入しておくとか、写真を渡しておいて、迷子になったら協力者に探してもらえる迷子ネットワークに登録しておくとか、GPSを利用するなど、出来る対策はもっとしておくべきでした。

一時間探しまわっても、トマトはどこにもいません。歩いているだけでは、迷子だとはわかりません。おかしいと気づいてもらえず、どんどん遠くに行ってしまっているのかも。事故に遭っていたらどうしよう、変な人につかまっていたら。考えれば考えるほど、怖くて手が震えました。

結局、トマトは、ひょっこり一人で帰ってきました。

トマトは申し訳なさそうにしていました。暗くて寒くて、どんなに心細かっただろうと思うと、私は涙があふれてきました。ナッパもオネギも私も、今までどこにいたのか知りたかったけれど、聞いても答えられずにトマトは困るだけでしょうから、何も聞きませんでした。

あんなに探したのに、どこにいたのやら。不思議です。

さて、ほっとして自分の家に帰った私は、部屋に入って血の気がひきました。部屋はサウナみたいに蒸気でもくもく。落ち着いていたつもりで、気が動転していたようです。ケトルでお湯を沸かしたままでした。よく火事にならなかったものです。

鍵

事件後
暗くなってからは出ない
ように鍵をかけるよう
になったが
ドン
ドン
外からかけたら
ワシも出ら
れんゾー
手すりとドアノブ
ぐるぐるまき
これで
どーだ
えっ!
するり
知恵をしぼって
こうなった!!
外門に鍵付き
のチェーンを
かける

鍵 その2

介護の先輩に鍵で困っていると相談する
みなさんどうしてます?
すごく上とか下にカギをつけるといいよ
なるほど。
パスワードキーもあるよ
なるほど!
フン
ややこしいのはかなわん!
スタート
ふりだしにもどる。

トイレのこと

ナッパは老いていく、トマトの症状は進行していく。一日中見守りが必要になっていくトマトに二十四時間寄り添うためには、体力も気力もすごくいります。

一番しんどかったのは、トイレの場所がわからなくなったトマトが、部屋のすみに粗相《そそう》をしていたり、我慢しきれなくて下着を汚してしまうことでした。

ある日、ナッパから「来てくれ！」と電話がかかってきて、急いで行くと、トマトも部屋も便で汚れていました。ナッパはどうしていいかわからないながら、どうにかしようと新聞紙を部屋中に敷いていました。

トマトはとても不安そうな顔をしていました。そんなトマトに私は、

「なんでこんなことになったの！」

と、怒鳴りました。

トマトは、ただ困った様子でうつむいていました。

お風呂場に連れて行き、トマトをシャワーで洗いながら、私は自己嫌悪におちいりました。「なんで」「どうして」という言葉は言わないでおこうと思っていても、つい言ってしまう。そして、言った瞬間から後悔する。トマトが何をしても、やさしく対応したいのに……。

汚れた服や下着を洗濯機に入れる前に、まずお湯で手洗いし、部屋中の新聞紙を片づけ、ぞう

きんで床を拭いていると、涙があふれてきました。

人に会うため出かけなくてはならない朝、そういうことがあり、慌てて始末をして家を出たら、電車の中でセーターの袖口に便がついているのを見つけたことがありました。駅のトイレに駆けこみ、慌てて洗いましたが、においはなかなか消えませんでした。手についたにおいも気になって、ずっと落ち着きませんでした。

トイレのことは、介護者が疲れ果ててしまう問題の一つだと思います。服や部屋が知らない間に尿や便で汚れていたら（それも派手に）、気が滅入るし、洗濯などその後の始末も大変です。

当時は起こることに対処するだけで必死でしたが、トマトの気持ちになって考えてみれば、起こる前に対処する方法があったかなと思います。

まず、トマトがなぜトイレでちゃんと用をたせないのか？　トイレの場所がわからないから、普段使わない仏間の隅にこっそり便をしたり、我慢が限界になりパンツの中に出してしまっているとしたら……と推理し、トイレのドアに大きく「トイレ」と張り紙をする。

それからトイレの使い方がわからない、つまり便座に座り、用をたして、横にあるトイレットペーパーでふいて、水を流すということが、わからなくなっている可能性を考えるならば……そっとドアの前で見守りながら、助言したり動作を手伝う。

また、後にヘルパーさんにいただいたアドバイスですが、数時間おきに「そろそろトイレ、行っとこうか」と声かけをし、粗相してしまう前にトイレに誘導し、出してもらうなど、方法はあったなと。

よく考えたら似てるよね!?

しみ

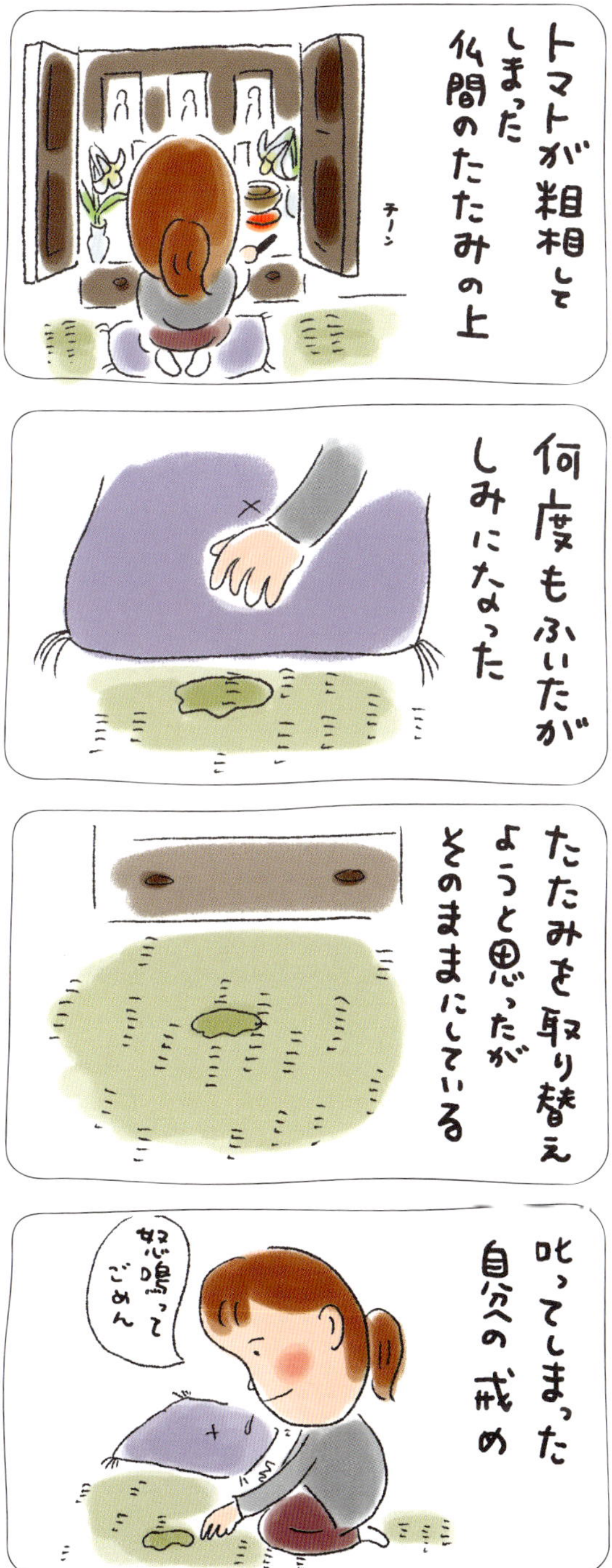

トマトが粗相して
しまった
仏間のたたみの上
チーン
何度もふいたが
しみになった
たたみを取り替え
ようと思ったが
そのままにしている
叱ってしまった
自分への戒め
怒鳴って
ごめん

そろそろ限界かも

しょっちゅうかかってくる電話にも困りました。ナッパからは「お母さんがいなくなった」とか「便で服が汚れてる」とか。トマトからは「今日、どこかに行く予定だった？」とか「ごはんたくさん炊いたから、取りにおいで」とか。

こんな電話もありました。たぶんナッパが、トマトのしたことにイライラして怒鳴ったのでしょう。あるいは被害妄想だったのかもしれません。

「お父さんがひどいの。もう嫌だから、お母さんは家を出て行きます。だからオマメちゃん、年金手帳と銀行の通帳とはんこを持ってきて」

トマトは泣きそうな声です。すぐに帰ってあげたくても、出かけていてそう出来ない時もあります。とりあえず、「わかったわかった。今、仕事中やから、家に帰ったら持っていくね」と、話を合わせるようなごまかすような返事をして、私は電話を切ります。すると、また十分後ぐらいに電話が鳴り、出てみると、同じセリフ。「わかったわかった。今、仕事中やから、家に帰ったら持っていくね」と、私も同じセリフを返します。

それが何度も続くと、出るのがしんどくなってきます。一人でいる時ならまだしも、お友だちや書くお仲間と一緒にいる時だと、その人たちに迷惑をかけてしまいます。出ないでおこうと思うのですが、オオカミ少年のお話みたいに、このコールはもしかしたら大変なトラブルが起きたという知らせかもしれない、例えばナッパが怪我をしたとか、火事になったとか。そう考えると怖くて、無視出来ませんでした。

　トマトは七十代になっていましたが、まだ体力もあり元気で、もの忘れはひどくなっていても頭の回転はよく、弁は立つのでした。私たちに注意されたり、あるいは怒鳴られたりして、しょぼんとしていることもありましたが、言い返してくることも多かったです。

　トマトがトラブルを起こし、ナッパや私たちが怒り、それにトマトが負けじと言い返してくる。お互い思いやりたいはずなのに、責め合ってばかり……閉ざされた「家」という世界で、私たちは次第にぎすぎすしていきました。

　そろそろ限界かも。でも、私はどうすればいいのかわかりませんでした。いえ、インターネットで調べれば、さまざまな情報を得ることが出来ました。わからないわけはなく、ただ思いきれなかっただけ、実際に行動する勇気がなかった。ここまで来ていても、結局、私たちは本当のところの覚悟は出来ていないまま、流されるように過ごしてきただけでした。

　何となくやり過ごしてきたけれど、人に話してしまえば、何となくでは済まなくなる。現実と未来をしっかり見つめ、考えていかなくてはならない。今までは逃げていたし見ないふりをしてきたことも、覚悟を決めて受け止めていかなくてはならない。

けれど、頑張って勇気を出しても、何も変わらなかったら……絶望しかないんじゃないか。私たちは余計に傷つき、つらくなるんじゃないか。

　心配と不安ばかりが、ぐるぐる頭の中をまわりました。

冷蔵庫とたんす

全く予想していなかったものが
入っていることがある
……
冷蔵庫に洋服
たんすにおにぎり
なんで!?
と思ってたけど
冷蔵庫とたんすって
似てるよね
うん
まちがう
まちがう…

どんぶり

どんぶりがやたらなくなる
?
そういえばよく出前したナー
いただきまーす
ツルツル…
今日は出前よ〜
おいし〜
モグモグ
近所の家の前に
ちょこん
あった!
もううどん屋さんはないのだが…
POST

認知症の種類

例えば……いつも置いているリビングのテーブルの上に、メガネがない。どこに置いたか忘れてしまった。家の中をあちこち探すと、寝室の棚の上にあった。そういえば、昨日の夜ベッドで本を読んでいたので、寝室の棚に置いて眠ったのだった。この頃、もの忘れが多くてため息が出る……。

これは、認知症のようで認知症ではありません。脳の老化によるものです。

認知症の場合は「そういえば、昨日の夜ベッドで本を読んでいたので、寝室の棚に置いて眠ったのだった」の部分を思い出せません。

あれ？　なんでこんなところに置いてあるのかなあと不思議に感じるだけです。

認知症は、何らかの要因によって、脳の細胞が壊れることにより起こる病気です。

主な認知症の種類は、次の四つです。

・アルツハイマー型認知症

アミロイドβというたんぱく質が脳にたまり、神経細胞が破壊され、脳に萎縮が起こる。軽い症状（同じことを何度も言う、お金の計算が出来なくなったなど）から少しずつ進行していく。初期では、昔のことはよく覚えているものの、判断力の低下がみられる。

・脳血管性認知症

脳梗塞《こうそく》や脳出血が要因で、脳の細胞に十分な血液が送られず、脳の細胞が死んでしまうことにより起こる。高血圧や糖尿病など生活習慣病の人がなりやすい。

・レビー小体型認知症

レビー小体というたんぱく質が脳にたまり、神経細胞が破壊されることにより起こる。はっきりとした幻視（現実には見えないものが見える）や、歩幅が小刻みになり、よく転ぶようになる。

・前頭側頭型認知症（ピック病）

脳の前頭葉や側頭葉で、神経細胞が減少し、脳に萎縮が起こる。感情や理性の抑制がきかなくなり、社会ルールが守れなくなる。

病気に合った治療があります。アルツハイマー型などは、お薬を飲むことで、病気の進行を遅らせることが出来ます。おかしいなと感じたら、まず専門病院で診断を受けましょう。

認知症のお薬

認知症に対するお薬の開発はどんどん進んでいます。まだ完全に治るお薬は出ていませんが、アルツハイマー型の進行を遅らせるお薬は、現在四種類あります。

「アルツハイマー型の進行を遅らせるお薬」

- **ドネペジル（商品名 アリセプト）**
- **メマンチン（商品名 メマリー）**
- **ガランタミン（商品名 レミニール）**
- **リバスチグミン（商品名 イクセロンパッチ、リバスタッチパッチ）貼り薬**

ドネペジルは、レビー小体型認知症にも適応するようになりました。

また、幻視や興奮などの症状を取り除く、あるいはやわらげ、認知症の患者さんとそのまわりの人が楽になるお薬もあります。

おかしいなと思ったら、困ることが起こったら、早めにお医者さんに相談してみましょう。

お薬には特徴（例えば……メマリーは心をおだやかにする作用があり、イライラしている人にはよいですが、逆に活気がなくなることも）や副作用（吐き気など）もありますので、それもまめにお医者さんに相談を。

第2章
介護どたばた期

ケアマネという人

月一回の診察日、M先生のところへトマトと行った帰り。M先生の病院や電車の中でトマトが粗相《そそう》しなかったことに、私はほっとしていました。トマトと電車に乗って出かけるのが、不安になってきていましたが、まだオムツをすすめることは出来ずにいました。

今でも、あの日のことはよく覚えています。私はトマトの手をひき、ふらふらと特別養護老人ホームの中へ入っていきました。そこに行こうと決めていたわけではありません。帰り道に、ちょうど特別養護老人ホームと書かれた看板のかかった建物があったからです。そういうところには、「ケアマネ」という人がいると思っただけです。

もう私の心のコップの水は、あふれそうになっていました。ずっと行動出来ずにいたけれど、やっぱり限界、家族だけじゃだめ。オネギにもナッパにも話していないけれど、誰かに話さなくては。計画的に今日相談に行くぞと思っていたのではなく、衝動的な行動でした。まず、ケアマネ（ケアマネジャー）という人に相談する……当時の私の知識はそれぐらい。

「介護の相談をしたいのですが、ケアマネさんはいますか？」

いきなりそう言った私に戸惑いを見せながらも、受付にいたおじさんは親切にケアマネさんに連絡を取ってくれました。ケアマネさんは忙しく、本来ならば事前に約束をしておくべきだったらしいのですが、何しろ衝動的だったので。

現れたケアマネのバナナさんに、私は「母が認知症で、困っています」と訴えました。

トマトには、少し離れた場所に座って待っていてもらいました。私とバナナさんの話が聞こえないように。

「お母さまの状態を、教えてくれますか？」と聞かれて、私はたくさん話しました。この頃は食べられないものを食べてしまうこと、迷子になることもあるということ、トイレのことで困りだしていること、被害妄想もあるし、電話がしょっちゅうかかってくることなど。

「今まで、ご家族だけでやってこられたんですか？」

バナナさんは驚き、尋ねました。

「はい」

私がうなずくと、バナナさんは言いました。

「だいじょうぶですよ、デイサービスなどいろいろありますから」

その言葉がやさしくて、私はスイッチが入ったみたいにわんわん泣きました。

うちが大変なのを本当にわかってくれている、それがうれしくてうれしくて、涙が止まりませんでした。バナナさんは、さぞ驚かれたことと思います。

あんなに人に話すのに抵抗があって、話すことで状況が変化するのを恐れていたのに。話してみれば、それだけで心が楽になりました。

まず「ケアマネを決めて」「介護認定を取りましょう」ということになりました。そして私はその場でバナナさんに、うちのケアマネさんになってもらいました。

ケアマネジャーについて

介護支援専門員（ケアマネジャー）、略してケアマネ。

ケアプラン（いつどこの事業所でどんな介護サービスを受けるのか、その目的や目標などを書いた計画表）を作ってくれたり、市区町村・サービス事業者・施設等との連絡調整を行ってくれる人です。

例えば……デイサービスや宿泊サービスを利用したい場合、その事業所を探してくれたり、車椅子や介護用ベッドをレンタルする段取りをしてくれたりします。

介護保険でサービスを受けるためには、ケアプランの作成、そして届出が必要です。ケアマネさんは、経済的なことや家庭のさまざまな事情を考慮した上で、プランを立ててくれる頼もしい存在です。

ケアプランは自分で作って市区町村へ届け出ることも可能ですが、大変なのでほとんどの人がケアマネさんにお願いしています。ケアプランを立てる費用は介護保険でまかなわれますので、利用者の負担はありません。

介護保険で受けられるサービス

たくさんありますが、主なサービスをご紹介します。

1　ケアプランの作成などの支援サービス
2　訪問での家事支援サービス（掃除や洗濯、買い物など）
3　訪問での身体介護（入浴や排せつのお世話など）
4　訪問での看護（看護師による薬の管理、導尿、点滴、健康チェックなど）
5　通所型デイ（日帰り）サービス
6　デイケア（理学療法士、作業療法士によるリハビリ）
7　短期滞在型ショートステイ（短期間宿泊）サービス
8　施設（特別養護老人ホーム、老人保健施設、介護療養型医療施設）への入居
9　介護用具（車椅子、介護ベッド、ポータブルトイレなど）のレンタル
10　介護のための家のリフォーム（玄関をバリアフリーにする、お風呂場に手すりをつける、和式を洋式トイレに替えるなど）費用への補助金支給

どのサービスをどれだけ利用出来るかは介護度（＊）にもよります。
なので、ケアマネさんに相談しながら、適切なサービスを受けてくださいね。

＊介護度とは？　要介護認定により決まります。認知機能や身体機能、社会生活への適応などを調査の上、介護度は「要支援1・2、要介護1・2・3・4・5」の7段階に分けられます。

デイサービス

ケアマネ・バナナさんに教えてもらって、介護認定の調査に来てもらえるように手配し、デイサービス探しも始めました。

反対するかと思っていたナッパは、意外に協力的でした。私と同じく、家族だけで看る限界を感じていたのでしょう。一番大変だったのは、ナッパだったはずですから。

トマトを初めて預けるところ、どこでもいいというわけにはいきません。トマトは、何かあっても忘れてしまうので、もし（考えたくはないですが）虐待があってもわかりません。ちゃんと見学して、見極めないといけない。

バナナさんが近くにあるデイサービスをリストアップしてくれたので、一つずつ見てまわりました。大きな場所で大人数のデイ、筋力トレーニングのマシーンがあるところ、レクリエーションが楽しそうなところ、お風呂が立派なところ、食事が手作りのところ、さまざまでした。

いくつか見ていくうちに、小さな事業所で少人数の方がいいなと思いました。

そしてめぐりあったのが、ココサチでした。

ココサチは一日の利用者が十名ほどで、家にいるような雰囲気の事業所です。食事は、調理師さんが一名いて、毎日ココサチのキッチンで作ってくれるそうで、みんなで近くのスーパーに食材を買いに行くこともあると話してくださいました。アットホームでいい印象でした。

さらに、代表者は若い女性で親しみが持てました。私がトマトのことを話すと「うちのおじいちゃんも、認知症だったんですよ」と。だから、認知症についてよくご存知で、トマトについて一話すだけで三理解してくれる感じでした。この人になら母を預けられる、信頼出来る気がしました。

ココサチと相談してプライドを傷つけないよう、トマトには「ボランティアに通ってみない？」と声をかけました。

トマトは「お母さんに出来るかしら」と心配しましたが、「ごはんの時、お皿を並べるのをお手伝いしたり、タオルをたたんだり、簡単なことらしいよ」と言うと、「じゃあ、行ってみようかな」と前向きになりました。もともとお世話好きで、社交的な性格なのです。

ココサチに申し込み手続きをしているうちに、介護認定も出ました。トマトは「要介護1」でした。介護度は、「要支援」から始まり「要介護5」まであります。こんなに大変なのに1なんだというのが、正直な気持ちでした。

要介護1では、毎日通うわけにはいきません。週一日の利用からスタートしました。まあ、トマトが慣れるのに週一日スタートは、ちょうどよかったかもしれません。また週一日スタートは、ナッパにとってもよかったです。トマトが毎日デイサービスに行ってしまうと、寂しいと言っていましたから。トマトを毎日看るのに疲れていても、いなくなると寂しいようでした。

ゴロン

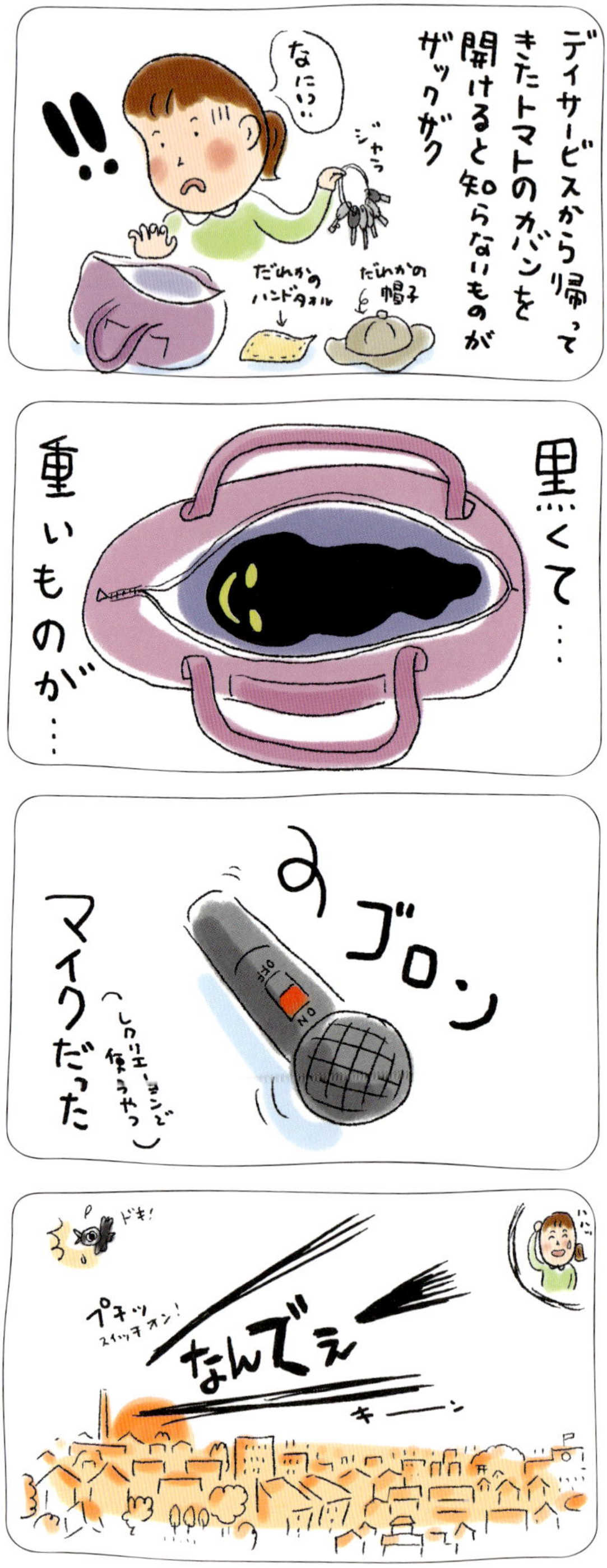
デイサービスから帰ってきたトマトのカバンを開けると知らないものがザックザク
なにっ!!
ジャラ
!!
だれかの帽子
だれかのハンドタオル
黒くて…
重いものが…
ゴロン
マイクだった
(レクリエーションで使うやつ)
ドキ!
ハハッ
プチッ スイッチオン!
なんでぇ
キーーン

マジシャン

なくなる。
細々したものが・・・・
ハサミどこ!?
マジックか!?と思うほど
パッとなくなる
どこだ!?
トマトが悪気なく
ありとあらゆるところへ
しまうので
しょうがない また買うか・・
わが家にはハサミ
メガネ・ハンコが
大量にある

明日の予定は？

着替えとタオルを入れたカバンを持って、トマトはデイサービスに行くようになりました。

朝の九時半、ココサチが車で家まで迎えに来てくれます。

ぬり絵やカラオケ、散歩、体操などのレクリエーションをして、昼食、おやつを食べ、お風呂に入り、トマトは夕方四時半頃また車で帰ってきます。

トマトは外に出るのがうれしそうでしたし、ナッパはしばし休憩が出来ました。私は、トマトの介護にプロの目が入ったことに安心しました。

連絡ノートというのがあって、どんなレクリエーションをしたのか、昼食には何を食べたのか、おやつは何だったのか、血圧や体温含め今日の様子はどうだったか、などが記入されています。家族が、家での様子を書く欄もあります。トマトの状態をココサチの人たちと共有するようになり、ずいぶん気持ちが軽くなりました。

連絡ノートは全て捨てずにとってあります。ココサチから、後に小規模多機能型居宅介護サービス・アルモモに変わってからのノートも全部です。

さて、週一デイは問題なく進んだ……わけではなく、実は問題も起こりました。

「予定」が生まれたことによって、トマトの頭が混乱したのです。

前日の夜、「明日はデイだからね」と伝えておいても、トマトは忘れてしまいます。

朝、私が「今日はデイだよ」と着替えを手伝いに現れると、トマトは「そんなの聞いてない」と困った顔をしました。さらに「さあ、用意しよう」と言うと、トマトの機嫌は悪くなりました。

こんな日もありました。デイではない日の朝、トマトが自分なりに用意をして、迎えの車を待っていました。「今日はデイじゃないよ」と話したら、トマトは困惑しました。

それから何度かそういうことがあって、トマトはナッパに一日何度も「明日の予定は？」と質問するようになりました。教えても、またすぐに「明日の予定は？」と聞きます。

ナッパはその質問攻撃に疲れ果てて、家の中でトマトから隠れたりしていました。何度も同じ質問をされ、それに答えるのは、とてもしんどいことです。

私かオネギが家にずっといれば、ナッパだけに負担をかけずに済んだのですが、私もオネギも外に働きに出ています。

うう、いいアイデアはないかなあと考え、毎日スケジュールを書くということを思いつきました。夜、A4サイズのコピー用紙に翌日の予定をマジックで大きく書きます。

そして、トマトが目にする場所に張っておきます。

単純なことでしたが、これが成功でした。トマトがナッパに尋ねることは減り、たまに質問されることがあると、ナッパはスケジュールを書いた紙を見せます。するとトマトは安心します。

張り紙

予定やお知らせの
張り紙を
ナッパが書くと
よし!
カレンダーの裏に
黒の油性マジックで
デイサービス
9ジ
カバンモツ
ドーン
私はなるべく
楽しくなるように
描く
キュッ
キュッ
デイサービス
9ジ
カバンモツ
5月24日(金)
今日は、デイサービスの日です
8時に用意を手伝いに来ます!
オママ

喪服

この頃のトマトは忘れるというよりも記憶が混乱している様子だった
親戚のお葬式
毎朝喪服を着て出かけるのを待っていた
おはよう
えっ・・・
おは・・
いきましょ
ナッパはついに喪服を隠してしまった
気が滅入る!
ココ

落ちついた頃に

生活がやっと落ちついてきたなーと思っていた頃に、事件が起こりました。落ちついた頃に事件が起き、苦労して積み上げた積み木がどしゃっと崩れる経験……介護あるある話。ナッパが脳出血で倒れたのです。

ナッパは救急車の中で、「お母さんが心配だから、病院には行かない」と言いました。自分が生きるか死ぬかの状況なのに、「お母さんが、お母さんが」としつこく言うので、「今は、お父さんやから！」と私は言い返しました。後で聞くと、ナッパは、そんなことを言ったなんて覚えていないそうです。

脳幹出血だったのに奇跡的に命をとりとめ、意識もはっきりしていましたが、ナッパはしばらく入院となりました。

さあ、大変です。トマトを一人にしておくわけにはいきません。私がトマトを一日中見守ることになりました。

この頃すでにお風呂やさんは廃業し、本屋さんは縮小して家の下に移転し、ナッパがお店に出ていました。私はまた外でアルバイトをしていたのですが、オネギは一人でお店をやっているので簡単にお休みすることが出来ません。兄オイモも無理でした。やむをえず、私がアルバイトをお休みさせてもらうことにしました。

いつかもっと携わらなくてはいけなくなるとは思っていましたが、じゃあ今日からねと、突然介護を全部担う生活が始まったのです。私は、とにかくその日その日を乗り切るのに必死でした。ナッパがいない毎日は、トマトをかなり不安定にしました。トマトは「お父さんは？」とくりかえし聞き、時には「お父さんを隠した！」と怒りだすこともありました。私とオネギは、その度に説明するのに疲れ果てました。

外に出て行かないか、おかしなものを食べていないか、トイレはだいじょうぶか、常に気にかけることは、実際やってみると神経がすり減りました。ナッパ、よくやっていたよなあと感心しました。私とオネギがつい怒ってしまうことが日に一度はあり、トマトは娘に自分の行動を指摘されることに腹を立てました。きっと夫であるナッパに言われるなら我慢出来ることも、娘である私たちに言われると納得出来なかったのでしょう。「オマメちゃんもオネギちゃんも、親に向かって何よえらそうに。お母さんはね、あなたたちを、こんな娘に育てたおぼえはないわよ！」、トマトは厳しい顔をして、そう言いました。

私は「こんな娘」という言葉にショックを受けました。娘として自分なりに努力しているつもりでしたから。それをわかってもらえていないんだと思うと、悲しくなりました。

この時期、トマトは最も攻撃的でした。子どもの時から私たちに手をあげたことなどなかったお母さんでしたが、感情が高ぶるとたたいてくることもありました。目の前にいるお母さんの変化に、私は戸惑いました。私たちが家で看ていくのは無理かもしれないと弱気になりました。むしろ家族でない人たちに看てもらう方が、トマトも感情が乱れずに幸せかもしれないと。

緊急事態

ナッパが倒れた時
ワン！ワン！
ニャー
？
私と姉は出かけていた
エーッ!!
もろっれきれ
ろれつがまわっていない!!
119番と同時に近所のイチゴちゃんにもかけた
イチゴちゃん助けて!!
イチゴちゃんも外出中だった！
エーッ！

キョロ キョロ
オロ オロ
トマトはどうしているだろう
恐れていたことがついに起きた・・・
家につくと救急車が
オネギ!!
トマトは?!!
イチゴちゃんのお母さんはお風呂に入っていたところあわててかけつけてくれた!
ありがとーございます!
感謝!!
ホットイチゴ

お酒をちびちび

ナッパが入院して二週間ほど経ち、トマトを見守る生活にもリズムが出来てやっと慣れてくると、私は孤独を感じるようになりました。

その日その日を乗り切るのに必死なうちは、自分のことは後回しなのですが、余裕がちょっと生まれると、自分のことを考えだします。トマトと二人きりの生活で生まれるストレスが、気づかぬうちにたまっていることに、ある日はっとしてしまいました。

話し相手がトマトしかいない、そのトマトは会話のキャッチボールが出来ない、うう、おしゃべりがしたい、おしゃべりをしながら思いきり笑いたい……お化粧をしてお気に入りの服を着て、かわいいカフェでお茶を飲みたい。「したい」「出来ない」ばかり考えるようになり、心がどんどんくもっていくのを感じました。

てっとり早く心を晴らす方法、それは私の場合お酒を飲むことでした。

アルバイトに出ないので朝から飲み、翌日も仕事はないので、夜まで飲んでいました。やけ酒のように一気にがぶがぶ飲むわけではなく、あくまで楽しみながら、ちびちびと。私はお酒が強い方で、ちびちびならいくらでも飲めました。

やがてナッパは順調にリハビリを終え、二ケ月ほどで退院。家に帰ってきてくれました。右半身にやや麻痺《まひ》が残ったものの、自分でだいたいのことは出来るまで回復して。トマトのために生きようと願い、トマトのためにリハビリを頑張ったのです。脳幹出血というのは即死あるいはかなりの麻痺が残るものらしく、ナッパはとてもとても幸運な例だったようです。

ナッパは家の中では、タンスやイスを使ってつたい歩きし、外では驚くことに自転車に乗っていました。頑固なナッパに意見することはなるべくしないようにしていましたが、さすがにそれは危ないよと注意しました。でもナッパは、歩くより自転車の方が楽だし危なくないと言い張り、聞く耳を持ちませんでした。そして家の下の本屋さんも、辞めることなくまた開けました。

私は気になって、片時もトマトから目を離せませんでしたが、ナッパは上手く離れて雑誌の配達をしたり、スーパーに買い物に行ったりしていました。また、トマトのことを理解してくれるアルバイトさんが一人手伝いに来てくれていて、トマトがアルバイトさんと店番をすることもありました。トマトにとっても、家の中で退屈にしているよりよいことでした。

私はアルバイトを再開しました。仕事とはありがたいもので、翌日アルバイトがあると思うと、お酒は飲まなくなりました。働くのが当たり前の生活に戻れば、お酒で心が晴れていたのは、錯覚だったと気づきました。酔いによる気分のよさは、フェイクでした。フェイクはしょせん誤魔化しでしかなく、それでストレスを完全に消せるわけはありません。介護のストレスをお酒でまぎらわそうとしてしまった話は、よく聞きます。その気持ち、すごくわかります。

けれどお酒に頼っても問題解決にはならず、ストレスがたまる↓お酒を飲む↓気が晴れたような気がする↓またストレスがたまる↓お酒を飲むというくりかえしが癖になるだけだと思います。結果、体を壊してしまえば、介護を続けることが出来なくなってしまいます。

時間はあったはずだけど

トマトと2人きり
ごはんにしようか
本を読んだり
執筆したりする

いただきます
けれど そんな時間
どこいくの
何をしてたわけでもなく
何もできなかった

資源ゴミ

資源ゴミの日
寝起きの私
ガチャ ガチャ
ぼーー
ぞっとした…
ちびちびこんなに のんでたのか私…
アル中になる ところだった…
お父さん 帰って来てくれて ありがとう
お母さんが またハンコを どこかに…

仕事一番、介護は二番

父ナッパの入院があって、この先の介護についてオイモとオネギと話し合いました。この先、もっと手伝わなくてはいけなくなる。それなら早めに家を処分し、そのお金で、ナッパとトマトは、同じ介護付き老人ホームに移り住むという案も出ました。

でもナッパとトマトの住むこの家は、ナッパとトマトが定年後に終《つい》の住処《すみか》にするつもりで、古い家を壊し建て直したものです。ナッパに聞けば、絶対に嫌だと言うに決まっています。二人がいろいろ相談しながら間取りを考え、楽しそうに家具などをそろえていたのをそばで見ていましたから、私もこの家を処分するなんて言えないなと思いました。忙しく働いてきた二人にとって、この家はご褒美のようなもの。一日でも長くこの家で過ごしてほしい。どれだけのことをどこまで出来るかわからないけれど……。

私とオネギは、とにかくやってみることにしました。オイモは「それならそうすればいいけど、自分たちの仕事は必ずしっかりやること」と言いました。うちの家族は、仕事をしっかりやることをとても大事にしています。オイモもオネギも私もそれからナッパもトマトも、まず「仕事」という価値観。

なのでオイモの言葉は納得が出来ましたし、どんどんどんどん身を削ってしまいがちな介護を冷静に見つめながら続けるには、大変いいルールだと思いました。ナッパもトマトも、仕事をおろそかにして自分たちの世話をしてもらうのは、望んでいないはずです。

そして何とか仕事一番、介護は二番でやっています。アルバイトといえど、仕事をいい加減には出来ません。作家としてデビューしてからは、書く仕事の他に講師の仕事も増え、私はますます多忙になりました。何度も介護の方に引きずられそうになることがありました。が、その度にオイモの言葉を思い出し、頑張ってきました。

介護一〇〇パーセントの生活にはしない方がいいとは、ケアマネ・バナナさんもおっしゃっていました。親とはいつかお別れの時が来ます。介護一〇〇パーセントの生活だった人が、親がいなくなってはっと気づくと、仕事もない友だちもいない趣味もない……で、一人ぼっちで倍の寂しさを味わうことってあるそうです。

介護をすると決めたら、仕事や自分が遊ぶことは諦めなくてはならないと、ちょっと考えていました。が、オイモやバナナさんの言葉を受けて、私は「介護サービスを上手く利用して、仕事も自分のことも諦めない介護」にチャレンジしてみようと考えました。

とはいえ親のお世話を他人に頼んで、外に働きに出るのに罪悪感がなかったわけではありません。オママメちゃんみたいには、なかなか出来ないわという声も聞きます。そう出来ない事情は多々あると思います。仕事一番、介護は二番でやってみようとして出来ている私たちは、ラッキーなのでしょう。介護をしながら仕事をするのは、簡単なことではないですから。だからこそ、ああ、だめだ〜とくじけそうになっても、ふんばりたいです。

お家大好き

ナッパはお家が
大好き
家族旅行の計画
を立てても急に
行かない!
と言ったり
やっと行っても
急に
帰る
と言ったり
いつも通りが
何よりの贅沢の
ようである
ゴロゴロ
ワン
ニカー

寝息

ナッパとトマトが
共に過ごす時間は
いってらっしゃい
少しずつ減った
リハビリがんばってー
けれど朝と夜
それだけで
十分のようだった
夜 お互いの
寝息を聞きながら
眠る

お年寄りの骨は、ちょっとした衝撃で

介護サービスの利用は、「要介護1」で週一回のココサチのデイサービスを利用することから始め、介護度が上がるごとに回数を増やしていきました。お薬は飲んでいるとはいえ、じわじわ認知症は進行します。足腰は丈夫だったトマトも七十代も半ばを過ぎてくると、途端に弱ってきました。

がくっと老化が進んだなと感じたのは、骨を折った後です。先にトマトが、数年後にナッパが大腿骨《だいたいこつ》を折りました。

一日でも早く手術、一日でも早くリハビリをした方がもとの状態に戻る可能性が高いということで、そうしたのですが、それでも家に帰ってくるまでに、手術した病院で一ケ月、さらにリハビリをする病院に転院してまた（ナッパの場合）一ケ月、（トマトの場合）二ケ月ほどかかりました。そしてナッパもトマトも、リハビリをしても、もとの状態にまでは回復しませんでした。

ナッパは前より歩くのが困難になり、外に出る時は車椅子に乗るようになりました。ナッパが入院している間は私が本屋さんの仕事をしていましたが、いつまでもそうするつもりはありませんでした。私はアルバイトに出た方が稼ぎがよく、時間の余裕も出来たからです。そうして、「もう自転車に乗れないんやから、配達も出来ないし、本屋さんは閉めるしかないよ」と、しぶるナッパを説得しました。

認知症を患うトマトの方は、頑張ってリハビリをする意志を持つのが難しいために、家の中でも車椅子での生活になりました。そうなると、ココサチからお世話になる先を変えなくてはなりません。ココサチのデイサービスだと、夕方の四時半頃に帰宅します。その後は、ナッパが見守ることで何とかなっていました。けれど、車椅子のトマトを自分も体の不自由なナッパが面倒をみるのは、もう無理なことでした。

四時半に私かオネギが家にいるようにするためには、どちらかが仕事を変えなくてはなりません。きっとよい道があるはず、仕事一番の約束が頭に浮かびました。そこで新しいところを探したのです。

家での二人の暮らしを守りたい。けれど、もうそれは難しいかもなあと思っていました。私は、ケアマネ・バナナさんに相談したりインターネットを使ったりして、施設について調べました。トマトや我が家の状況を考えると、特別養護老人ホームやグループホームなど、家を離れ入所してお世話になるところが候補になります。入所しても、私やオネギの仕事が休みの日には帰ってきてもらって、ナッパと過ごしてもらうというスタイルもありかと。

そんなことを検討している中、「小規模多機能型居宅介護サービス」というものがあるらしいと、オネギがお店のお客さんから聞いてきました。さっそく調べてみると、それはラッキーなことにすぐ近所にありました。

「二十四時間三百六十五日体制で、自宅介護を応援してくれるところらしいよ」

そうオネギが言います。私は期待しました。

施設やサービスについて

・デイサービス（通所介護サービス）

日帰りで通い、食事・入浴・レクリエーションなどのサービスを受けることが出来ます。自宅まで車で送迎してもらえます。利用時間は施設によって異なりますが、だいたい9時〜17時頃まで。週に何回利用するか選べます。

・特別養護老人ホーム（介護老人福祉施設）

略して特養（とくよう）。要介護高齢者のための長期生活施設です。ここを終の住処にする人も多いです。待機者が多く、すぐには入所出来ないところが多いです。

・介護老人保健施設

略して老健（ろうけん）。歩行訓練などを行う理学療法士や作業療法士などによるリハビリなどを受けながら、在宅復帰をめざす施設です。利用はだいたい三ケ月以内で、長期の利用は出来ません。

・グループホーム（認知症対応型共同生活介護施設）

家庭のような環境で、認知症の人たちが生活する施設です。少人数で、長期の利用が可能。

・小規模多機能型居宅介護サービス

小さな規模（少人数制、一事業所あたりの登録は29名以下）で自宅への訪問介護、通いのデイサービス、短期の宿泊など多くのサービスを組み合わせることが出来ます。

・看護小規模多機能型居宅介護サービス

略して看多機（かんたき）。小規模多機能型居宅介護サービスに、さらに看護師による訪問看護も組み合わせることが出来ます。

・介護療養型医療施設→今後、介護医療院へ

長期にわたり療養が必要な高齢者のための施設です。喀痰（かくたん）吸引が必要であったり、人工呼吸器を利用している人への医療措置が可能。看取りまでをケアしてもらえます。

・有料老人ホーム

「介護付き」

介護士が24時間常駐している、長期居住のための住まいです。数が多いため、待機者は少なめですが、入居の際に入居一時金が必要なところが多いです。また、費用は高めです。

「住宅型」

高齢者が単身、または夫婦で居住出来る住まいです。介護度に関係なく入居出来ます。食事や清掃、買い物などの生活援助、レクリエーションの提供を受けることが出来ます。介護付きよりは、費用は低め。

（2019年4月現在）

第3章

介護ほのぼの期

介護はチームワーク

小規模多機能型居宅介護サービス・アルモモの施設管理者リンゴさんは、私とオネギの話をていねいに聞いてくれました。

いつもは私が話すことが多いのですが、この時はオネギが多く話し、リンゴさんに「よく頑張ってきたね」と声をかけてもらった途端、オネギは涙をぽろぽろこぼしました。かつて私も、ケアマネ・バナナさんに「だいじょうぶですよ」と言ってもらってわんわん泣きましたから、オネギの気持ちはよくわかりました。

アルモモには、けっこう介護度の高い人がおられました。リンゴさんは、日々そういう人とその家族に寄り添っているので、私たちのことをよく理解してくださいました。「よく頑張ってきたね」の言葉には、私たちのこれまでの道のりがぎゅっとつまっていました。

オネギと私は、アルモモにトマトをお願いすることにしました。この人になら、おまかせ出来ると思ったのです。

リンゴさんは、アルモモのことを「自宅介護の最後の砦《とりで》」とおっしゃいました。うちのように、デイサービスだけでは困ることが増えてきた場合、自宅介護を諦め、特別養護老人ホームやグループホームなどに入居を決めることになります。アルモモはその間にあたり、二十四時間三百六十五日対応、宿泊可能で、自宅介護を助けてくれます。まさに最後の砦です。

朝十時半頃、車でお迎えに来てもらい、トマトはアルモモへ。

そして、昼食を食べさせてもらい、入浴させてもらい、夕食まで食べさせてもらい、パジャマに着替え、オムツも夜用にちゃんと替えて、夜の八時前に帰宅します。あとはベッドに入って寝るだけ。ほとんど家にいないじゃないの、それで自宅介護と言えるの？と思う方がいらっしゃるかもしれませんが、ナッパにとってはこれで精一杯ですし、また夜ベッドを並べて眠れるだけで幸せなのです。私とオネギの都合で、トマトがお泊まりの夜は、横に眠っていない、朝もいないのは寂しいと、ナッパは決まって言いました。

ナッパとトマトがこの家で、一日でも長く一緒に過ごせますように……と祈りながら、私とオネギは交代で、朝はアルモモへ行く母の用意をしに、夜は床ずれが出来ないように何度か体位を変えに、ナッパとトマトの家に行きます。

ナッパの食事のお世話や、ナッパとトマトの月一回ずつの病院への付き添いなどもありますし、仕事をしながらでは、私もオネギもそれで精一杯です。

介護はチームワーク、みんなで力を合わせてするものだと思います。最初からそうは思えなかったですが、今はお願い出来ることはどんどんお願いして、その分私たちは働き、お願いする人たちに稼いだお金をお支払いする、そういうスタイルでいこうと。チーム・トマトのメンバーは、まずナッパ、私、オネギ、オイモ。それからアルモモの施設管理者リンゴさん、ヘルパーのみなさん、ケアマネさん、主治医、看護師、リハビリをしてくれる理学療法士さん。それぞれプロとして的確な意見を出してくれます。相談に乗ってくれます。迅速に対応してくれます。

床ずれ

床ずれをはじめて知った
床ずれやねん
かぶれかと思った
ヒェー
それからは低反発マットレスをしいて
夜に何度か体位を変える
ゴロン
ゴロン
ほんとはもっと多い方がいいらしいがうちでは再発していない
よくなった
それぞれのライフスタイルで

女友だちと

女友だちとランチ会
お母さんを預けて!?
イチゴちゃん
レモンちゃん
まったー?
はい! そうです!
かつての話題
24時間母に捧げないようにしている…
式場どこがいいかな
チャペルも捨てがたい
キャー
新婚旅行は?
子どもは2人ほしい
海外挙式とかあこがれる!
今の話題
スタッフいい感じだよ
看護師
新しくできた介護施設どお?
薬剤師
へー
見学いってみよ
ひと月いくらぐらいかな
おしゃべりはつきない

ニコニコして来るな！

また、ちょいと父ナッパの話です。

ナッパも、アルモモにお世話になっています。

大腿骨骨折後、リハビリ病院に転院したのですが、早く家に帰りたいと言って、早めに退院することに。けれど、やはり骨を折る前の状態には回復出来ないままで、これまで以上のお手伝いが必要でした。

家の中はつたい歩きで何とかなりますが、外に出る時は完全に車椅子。ちょこちょこ自分で買い物に出ていたのですが、それが無理になりました。また一人でお風呂に入るのは危険なので、絶対禁止です。

ナッパもトマトと一緒にデイサービスに行って、食事や入浴をして帰ってきてくれたらいいんですけど、ナッパは家が大好きな上に、知らない人と仲良くする性格ではありません。

それで話し合った結果、訪問介護をお願いすることになりました。アルモモは、そういうサービスもしてくださるのです。

気難しい人なので、家に人が出入りするのを嫌がりましたが、この先はそれではやっていけないと思いました。アルモモにお願いする時に、ケアマネがバナナさんからチェリーさんに変わり、私はチェリーさんに相談しながら、なるべく毎日誰かが出入りするようにスケジュールを立てました。

しばらくして、脳出血の後遺症ということで、ナッパは自分で尿が出せず導尿が必要になりました。管を入れたままになるのは、かなり抵抗しまして、そんなことをするならこのまま死んでもいいと言い出す始末で。管を入れたままだと、尿をためるビニールバッグをつけて生活することになります。それがとても嫌だったようです。

となるともう一つの方法、尿を抜く時だけ細い管を入れることになりました。本人が出来るならそれでもいいということでしたが、感染症を予防するため消毒をしたり何かと大変ですし、ナッパ本人が取りつけるのは無理です。私とオネギが交代ですることも考えましたが、ナッパは娘たちにそのお世話をしてもらうことにも抵抗しました。これもチェリーさんに相談し、訪問看護に来てもらうことに。

最終的に、日曜日以外は誰かが家に出入りすることになりました。

初めの頃の父は、来てくださる看護師さんやヘルパーさんに無愛想でした。「こんにちは」と笑顔で挨拶してくれても、「ニコニコして来るな、こっちは何も楽しくない！」と悪態をついていました。けれど慣れてくると、誰かが来てくれるのを待つようになり、感謝するようになりました。肺炎をこじらせ入院する日、「世話になったなあ」と看護師さんに頭をさげた姿は印象的でした。

いつもの朝

無愛想で頑固で
気難しいナッパ
フン!!
トマトには
すご〜く優しい
できたよ〜
朝 出かける準備が
できたトマトの定位置
アルモモのお迎え
が来るまでの
いつもの朝の風景

トマトのおかげ

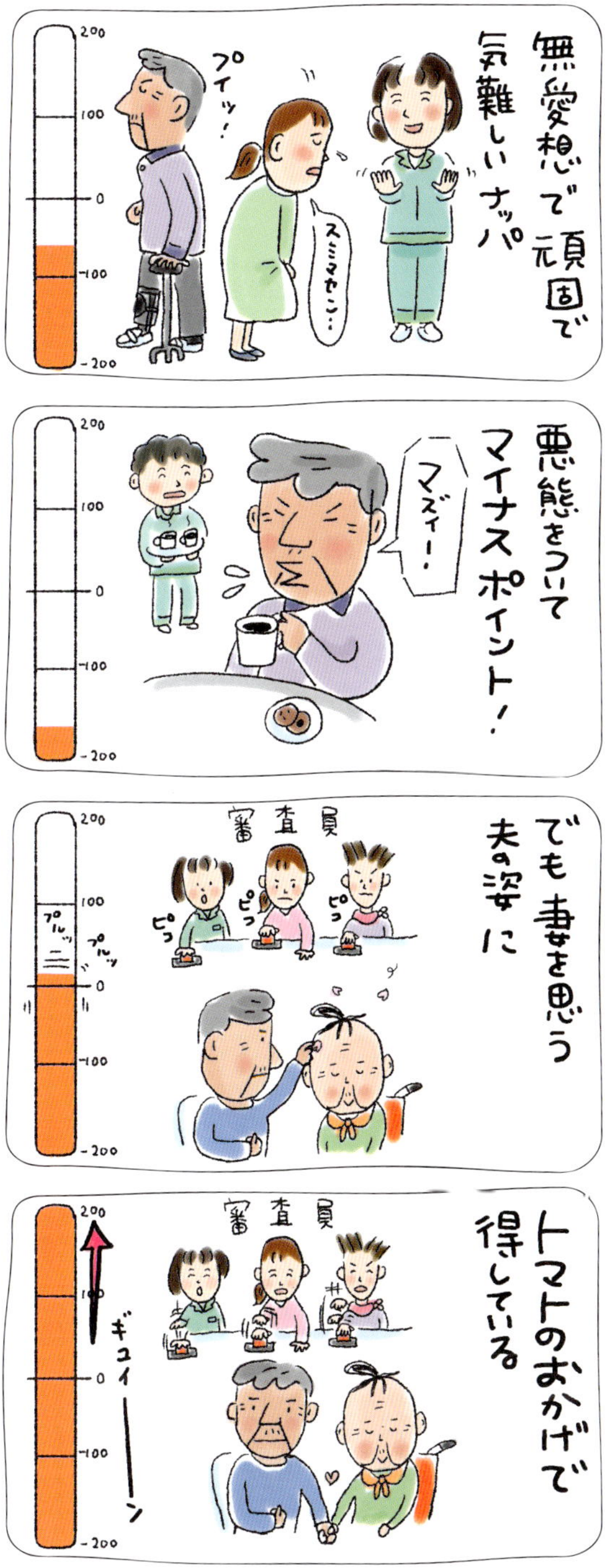

無愛想で頑固で気難しいナッパ
プイッ！
スミマセン…
悪態をついてマイナスポイント！
マズイー！
でも妻を思う夫の姿に
審査員
ピッ
ピッ
ピッ
プルッ
プルッ
トマトのおかげで得している
審査員
ギュイーーン

私がいなくても

母が認知症を発症した頃は、劇団で脚本を書いていた私ですが、その後劇団が解散したのをきっかけに、児童文学を主に書き始めました。そして二〇〇五年、三十一歳の時にデビュー。デビュー作の出版お祝い会には、トマトはオネギと一緒に来てくれました。すでにオネギと一緒でなくては出席者のみなさんにご迷惑をおかけしてしまう感じでしたが、着飾ってパーティーに参加出来ていたんだなあと、懐かしく思い出します。

デビューしたとはいえ作家業だけでは食べていけず、しばらくウエイトレスなどをしながら書いていましたが、今は書くことが中心になりました。あとは大学や絵本教室で創作の講師をしています。作家業というのは、家でパソコンに向かって書くだけではなく、打ち合わせや取材に出かけるのも仕事のうち。出版社はほぼ東京にありますから、大阪に住む私は泊まりで出張に行くこともあります。

うちは、私がいなくても問題なくナッパとトマトをサポートしてもらえる体制を作ってあります。そうしておけば、もし私に何かあっても、二人が困ることはないでしょう。

さて出張となった場合、まず朝のお世話（着替えや朝食の介助）をオネギに交代してもらえない時は、トマトには前日の夜から施設にお泊まりしてもらいます。アルモモは宿泊サービスも行っているので、早めに予約しておけばデイサービスの延長のようにお泊まりさせてもらえます。

それまでは、トマトの宿泊先を探すのはとても骨の折れることでした。ココサチは宿泊サービスをしていないので、候補先の宿泊施設にケアマネ・バナナさんが電話をかけてくれます。どこの施設も宿泊希望者が多くて、ベッドが空いていないことはしょっちゅう。いつも同じところというわけにはいきませんでした。探すのも大変でしたが、いつもと同じところでないと申し送りも大変です。トマトは自分で、こうしてほしいとかそれは嫌だと言えませんから、私は出張の度に、宿泊受け入れ可能となった施設に、トマトのことを細かく説明しなければなりませんでした。アルモモならトマトのことをよくわかっている人たちにお願いするので、説明は不要です。

それからナッパの方は、訪問看護と訪問介護のサービスを利用しているし、自分である程度のことは出来るから大丈夫なようでも、問題はありました。食事です。

昭和一桁生まれのナッパは、電子レンジで温めるのが精一杯。煮たり焼いたり、炒めたりなんて無理です。さて、どうするか？　いろいろ調べていると、お弁当の宅配サービスなるものを発見しました。試食させてもらうと、おかずもごはんもほかほかで温かく、栄養のバランスも考えられている。それになかなか美味しい。毎日飽きないように献立も工夫されています。さっそく一日一食を午後四時頃に配達してもらうよう段取りしました。

オネギもサポートしてくれますし、あとは、パンやハムなど調理しなくても食べられるものや、私が作ったカレーやポテトサラダ、ゆでた素麺などを冷蔵庫に入れておけばオーケーです。しかもお弁当の宅配は安否確認にもなり、様子がおかしい場合は、すぐに連絡をもらえるしくみで一石二鳥！

一日の用意

自宅で過ごすナッパを見守ってもらえるようスケジュールを組んだら
はじめまして
お風呂しましょうか~
混乱した
シュシュポー!!
イライラ
一日のスケジュールを書いて渡すことになった
5月10日(金)予定
8:00 朝食
12:00 昼食
13:00 導尿
14:00 15:00 お弁当配達
18:00 夕食
20:00 お母さん帰宅
21:00 消灯
一緒に一日分の薬も
ウム
一日のスケジュール
フフフッ…
ひる
あさ
父上様こちらでよろしいでしょうか
くすり容器

ハンバーガー

ナッパは好き嫌いがいっぱい
めずらしいの食べない
豚肉きこら〜い
右手にマヒが残っているのでおはしはダメ
アレッ?歯ぬけた??
しかも歯も悪い
ふぇ?!
私は工夫していろいろ作る
スプーンで食べやすーいチャーハン
フォークでさして食べられる煮物
結局ナッパが好きなのは買ってきたハンバーガーだ
ムシャ
やっぱりうまい!

すみれの会

母トマトの主治医は、現在T先生です。

最初の主治医M先生のところは、町の小さな内科病院でしたが、T先生がいらっしゃるのは大きな総合病院です。トマトはココサチでお世話になっている時、軽い脳梗塞で救急車で運ばれたことがあり、救急の受け入れをしてくれた総合病院にいらっしゃったのがT先生でした。以来、脳神経内科の専門医であるT先生に、診てもらっています。

T先生は患者の立場になって考えてくださるお医者さんで、私たちの話もよく聞いてくれます。もの忘れ外来をされていて、たくさんの認知症の患者さんに寄り添っておられます。

最近、T先生がすみれの会という「認知症お悩み相談会」を月一回開催されることになり、何かお役に立てればと思って、私も参加させてもらっています。驚いたのは、認知症のご本人がご家族と一緒に来られることでした。私は、介護をしている家族だけが集まるのだと想像していました。うちの場合は、トマトに「お母さんは認知症なんだよ」とは言わないまま現在に至ります。が、すみれの会に来られる方は、「となりに座っている妻が認知症でして」とか「どうも私は認知症のようです」と自己紹介されるのです。

トマトが認知症を発症した二十年前は、本人に告知しにくかったでしょうし、家族はそのことをあまり他人に話さなかったのではと思います。実際、私たちがそうでした。祖母の時には認知症の家族がいることさえ隠さなくてはいけないような雰囲気、トマトの時でも認知症を本人に告知するのは酷な気がしました。二十年というのは、ひと昔前なんだなあと実感しました。

きちんとご本人が認知症なのだと自覚し、悩みをみんなの前で話す……なんてすばらしいのでしょう。ご本人に認知症であると話せて、それを聞いたご本人が前向きに生きようとすることが出来る社会に、だんだんなりつつある。認知症について理解があり、サポート体制が整う社会になってきている。実に喜ばしいです。この先、もっともっと拓けていきますように。

オープンに話し、それを聞くことのメリットは大きいと思います。すみれの会では、集まったみなさんが悩んでいることや困っていることをまず話し、それから、みんなでその原因や対処法を考えます。

T先生のお医者さんとしての助言や、看護師さんや相談員（医療ソーシャルワーカー）さんからのアドバイス、同じ経験をしてきた参加者の意見を参考にして、問題が解決していくこともあります。

初めてケアマネ・バナナさんにトマトのことや私たち家族のことを話した日、私はどんなに解放され救われたことか。話すだけで、心が軽くなることはあるのです。

さらに同じ不安や悩みを抱えている人がいること、手助けしようとしてくれている人の存在を知るのは、安心につながります。経験談を聞くことで、前もって準備や予防、心構えが出来ることもあります。この先どうなっていくのか、先が見えなくて私は不安で仕方なかったけれど、情報を得られれば、そんな思いはしなくていいかもしれません。

ほほえましいですよ

すみれの会
お互いの悩みを話す
みなさんが通る道だと思う
つい怒ってしまい
あんなこと言うつもりなかった
イライラしてしまって
なんでできないのって…
うちもそうだった
トマトが言葉を忘れた今
ケンカしてた頃が懐かしい・・・
後悔し反省しているみなさん
そこには愛がある
いたわり合っている

今になれば

たくさん泣いてきた20年
でも親孝行できたし
家族の絆も強まった
世の中は助け合って
まわっていると知った
おはようございまーす
私たちは幸せなのかも
と思う…

絵本『ばあばは、だいじょうぶ』のこと

忘れてしまう病気になってしまった大好きなおばあちゃんを、小学生の「ぼく」つばさくんの視点から描いた絵本『ばあばは、だいじょうぶ』のもとは、私が大学生の時に授業の課題で作ったものです。当時、まだトマトに認知症の症状はなく、モデルにしたのは祖母でした。やがて母が祖母と同じように若年性アルツハイマー型認知症になり、その経験も書き加えて、長い時を経て出版されることになりました。

大学生の時に書いたものは、祖母と祖父を中心にしたお話でしたが、書き直すにあたり、主人公を小学生の男の子にしました。その方が子どもたちは、お話に入っていきやすいと考えたからです。毛糸が編めなくなっていくエピソードやメモの場面は、昔書いたお話にも出てきます。

認知症のお話を出版するなら、絵本にしたいと私は思いました。広く多くの人に読んでほしい、それなら文字の多い読み物でも幼年童話でもなく、絵本だと。

絵が多くて文字の少ない絵本なら、子どもも普段の生活で本なんて読まないという大人も読みやすく、気軽に手にとってもらえるはず。まず子どもたちに、それから介護に携わる大人たちにも読んでもらいたかったのです。

私の願い通り、この絵本は青少年読書感想文コンクールの課題図書になったこともあり、まず多くの子どもたちに読まれました。そして新聞やテレビで取り上げていただいたおかげか、じわ

じわと大人の読者も生まれていきました。想像以上の広がりに、認知症や介護の問題が、いかに社会の中で大きくなっているのかを実感しています。

祖母に認知症の症状が出た時、私は小学生でした。何度も同じことを聞いてくる祖母に、どう接していいかわかりませんでした。絵本が、かつての私のような子に届けばうれしいです。また認知症や介護ではなく、お年寄りについて考えてもらうきっかけになるだけでいいな。

おじいちゃんおばあちゃんと一緒に暮らしていない子、おじいちゃんおばあちゃんがまだ若くて元気な子、今はまだ介護とは無関係な子たちも、これだけ少子高齢化が進めば、いつまでも介護と無関係ではいられないでしょう。いつか介護と向き合うことになった時、昔読んだ絵本を思い出してくれればいいな。

七歳の子は十五年後には二十二歳、十歳の子は十年後には二十歳です。介護の仕事をしている子がいるかもしれない。その子たちが昔読んだ絵本を思い出して、認知症やお年寄りについて考えてくれたらいいな。

講演会で絵本の読み聞かせをすると、大人のみなさんもつばさくんに自分を重ね、涙を流されます。さまざまな思いをみなさん抱えていらっしゃるんだなと想像し、私も泣きそうになります。涙を流される方には、すでにお母さまやお父さまを亡くされた方も多く、やさしく出来なかった罪悪感やつらく当たってしまった後悔を語られることも。つい感情をぶつけ、けんかしてしまったり。それは仕方のないことではないでしょうか。私もたくさんの罪悪感や後悔を抱えています。きっとそういうものも、大切な思い出の一つ一つなのかもしれません。

小学校で

4-5
母校の小学校で授業をさせてもらった
元気だな!
日直
忘れる病気
知っとる
認知症やろ
絵本を読み聞かせながら考えてもらう…
じゃあどんな風になる病気かな?
子どもたちの目がみるみる変わった

お手紙

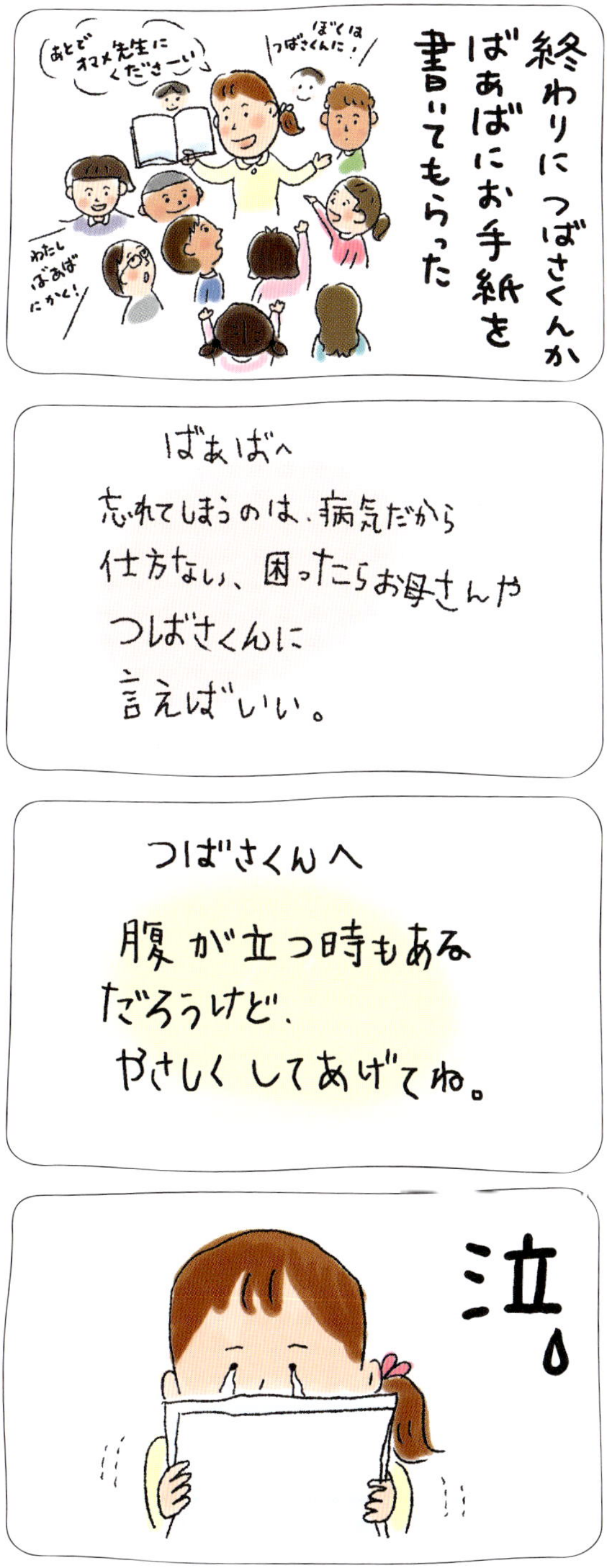

終わりにつばさくんがばあばにお手紙を書いてもらった
ぼくは つばさくんに！
あとで オマメ先生に くださーい
わたし ばあばに かく！
ばあばへ
忘れてしまうのは、病気だから 仕方ない、困ったらお母さんや つばさくんに 言えばいい。
つばさくんへ
腹が立つ時もある だろうけど、やさしく してあげてね。
泣

お母さんが認知症になった意味

トマトのことを絵本やエッセイに書くのは、ずいぶん迷いました。最初の頃、認知症のことは隠していたぐらいですから。

よし書こう、と思った理由は二つあります。

隠さずに話すようになって、私は楽になりました。閉じた介護よりもオープンにした方が、いろいろよかった。オープンにしたことで、多くの人にたくさん助けてもらいました。うす闇の中で足元が見えず、転ぶのが怖くてじっとしていたところに、みなさんがランプの明かりを照らしてくださいました。私たちは足元が見えるようになり、歩き出せました。

ふと見渡してみれば、世の中の人全てが心身共にいつも健康であるわけでなく、みんな何かしら問題を抱えていて、助けたり助けられたりしながら生きているのだと気づきました。助けられる立場になって、初めて考えるようになりました……さて私は、誰かを助けることが出来るだろうか。

かつての私たちと同じように、閉じた介護でうす闇の中にいる人たちに声をかけてみたいと思いました。作家である私に出来るのは書くことだから、文字で声をかけてみよう。文字でうす闇にランプを照らしてみよう。そうして、私が救われたように誰かが楽になれば、うれしい。これが一つめの理由です。

二つめは、お母さんが認知症になったことに、意味を持たせたかったからでした。トマトが若年性認知症になった運命、長い介護生活をすることになった私たち家族の運命を、ただひたすら恨んだ時期もありました。でも、今は運命の意味を考えるのです。

書いたものが本となり、それが認知症や介護について知るきっかけとなり、社会がよい方へ拓けていく小さな力になるならば、私たちの運命にはきっと意味があるのではないか……そう思っています。これまでの苦悩にも悲しみにも意味があったと考えると、途端に運命を恨む気持ちは消えていきます。

トマトは人の役に立つことを積極的にする人でした。昔、となりのアパートに出稼ぎのペルー人のご夫婦が越してきたのですが、日本に慣れない彼らのために、トマトは親身になって出来ることを探していました。まずスペイン語の辞書を買ってきて単語をならべ、ゴミ出しの曜日のルールを伝えたり、冬の衣類を持っていないと聞けば、うちにあるセーターやコートを渡し、体調が悪そうなら病院に付き添ったりもしていましたっけ。

お風呂やさんに来たお客さんが困っていれば、何とか手助け出来ないかとよく考えていましたし、ＰＴＡの活動も長年続けていました。そんなお母さんですから、自分のお話が役に立っているかもしれないとわかれば、喜んでくれるはずです。

よし書こうと決めた時、私はくよくよするのもこそこそするのもやめました。一度しかない人生、堂々と生きていこうと覚悟を決めました。そうしてみれば、私たちのまわりはより明るくなりました。

ほがらか

感情が出にくくなり
表情がとぼしくなった
トマト
でも
大変ほがらかである
それは まわりの人を
和ませる
人の理想の進化
ではないか
バージョン アップ!!
ポロッ
ポロ
ポロッ
ポロ
ポロ
人生のトゲトゲ

この瞬間

初期のころは
よく3人で旅行した
ハイチーズ
カシャ
でもトマトは忘れて
しまうのだと思うと
むなしかった
だから
考え方を変えた
パタン
ALBUM
今この時トマトが
笑顔なら
この瞬間幸せなら
それでいい。

キクナとお別れの日に

認知症発症から約二十年が経ち、トマトは言葉を忘れ、さらに表情も乏しくなりました。たまに笑いますが、妙なタイミングで急に笑うので、何に対してなぜ笑ったの?ということが多いです。痛い時は痛そうな顔をしますが、それは条件反射のようなものに近いのかなと思います。

うれしい悲しいという感情などは、どれだけ残っているのか……主治医T先生も、わからないとおっしゃいます。アルモモのヘルパーさんたちは、「トマトさんは、ぜったいにいろいろわかっているし、感じてますよ、きっと」と言ってくれます。それを信じたい気持ちはすごくありますが、本当にわかっているのかなあとずっと半信半疑でした。

少し前に、愛犬キクナが亡くなりました。キクナは、十六年我が家にいました。

トマトは、キクナを連れて毎日公園を散歩していました。今行ったことをすぐに忘れてしまうので、一日に何十回もちょこちょこ公園をまわっていましたが、キクノは嫌がりもせずトマトにつきあってくれました。

とても賢い犬で、トマトが道に迷うようになってからも、キクナが引っぱって連れて帰ってきていると、近所のおばちゃんたちが言いました。

いよいよトマトから目を離すのが心配になってからは、私も加わり、毎朝、トマトと一緒にキクナの散歩をするのが日課でした。

そのキクナが闘病の末に亡くなり、お別れの朝。オネギと相談して、トマトにもお別れをしてもらうことにしました。

ダンボール箱に使っていたバスタオルを敷き、キクナを寝かせました。まわりを花で埋めつくした棺です。それを、トマトの前に運び、「キクナだよ、もうお別れなんだよ。ありがとうだね」と声をかけました。

すると、みるみるトマトの表情が変わり、目にうっすら涙を浮かべたのです。

表情の変化は気のせいではなく、確かなものでした。

私とオネギは、目の前で起こっていることに震えました。私は、トマトに心が残っていたことを確信して、まずうれしかったです。涙があふれてきたのはその後で、トマトがどんなにキクナを愛し、心から悲しんでいるのかを思うと、胸が締めつけられました。

トマトをぱっと見ただけの人は、トマトのことをもう何もわからず理解も出来ず、感情もないお人形のようだと思うでしょう。認知症発症から二十年というと、よけいにそう思うでしょう。

でも、トマトはわかっています、理解しています、感情も残っています。

認知症だと診断された時から、お母さんがお母さんでなくなるのを、私はとても恐れていました。何もかも忘れ感情も消えて、お人形のようになってしまうのが怖かった。けれど、そうではないとわかった今、私の心はとても穏やかです。

色

まわりにある
色がすごくあざやかに
見えることがある
今までと
全くちがう
新しく
美しい色
父母の老いを
感じた日
命に限りがある
ことを考えた日に
変化するように思う
キクナとお別れの日
私の目にうつる色は
ため息がでるほど
あざやかだった

紅茶

トマトが大事にしていた飾棚の中のティーセット
頑丈なマグカップ
出すのがめんどうだし割ると嫌だなぁと思ってながめるだけ
出して紅茶をいれてみた
なかなかいいわ〜
こんな余裕も少し持てるようになった

zzz

あとがきにかえて

このエッセイをまとめている途中で、父ナッパが亡くなりました。

秋に調子が悪くなり、自宅介護で頑張っていたのですが、熱が下がらず、救急車を呼びました。

ナッパは家が大好きです。また母トマトのそばにいたいと願っていました。だから入院は嫌がりましたが、「まだ私たちのために生きてほしい」と話すと、うなずきました。

ナッパは入院した時から危ない状態で、その後さらに悪くなっていきました。何度か危ない時がありましたが、その度に奇跡的に持ち直しました。片肺がほぼつぶれてしまった状態で、酸素マスクをつけ、本当によく頑張ったと思います。

延命というものについて悩みながら、私たちは治療方法を選択しました。ナッパはどんなにしんどそうでも、生きることを諦めませんでした。だから、生きようとするナッパを応援しました。

ナッパは、ただただトマトが心配で、死ねないと思っていました。

トマトの体調を見ながら、なるべくお見舞いに連れて行きました。トマトの顔を見ると、ナッパは喜んで、とてもやさしい顔をしました。頑固で気難しい人でしたから、あまり笑ったりしないのです。けれどトマトにだけは特別でした。

トマトの方は認知症のせいで表情が乏しくなっていますし、せっかくナッパに会いにきたのに、目を閉じていることも多かったです。そんなトマトにでも、会えるだけで、ナッパは幸せそうでした。

八ケ月もナッパは頑張り続け、夏が始まる頃、旅立ちました。

ずっと家に帰りたがっていたので、お通夜もお葬式も、全て家ですることにしました。その方が、トマトとも長く過ごせます。

お葬式。トマトには負担をかけないように、初めの十分だけ出てもらう予定を立てました。出棺までは一時間近くかかります。さすがにそれは疲れてしまうだろうからと、兄のオイモと姉のオネギと考えてのことでした。

ナッパが家に帰ってきた日から、トマトはしっかりしていました。目をぱっちり開け、私たちの呼びかけにうなずいたりします。最近では、目さえ開けてくれず、眠ったままのようなこともあるのに。

「ナッパさんのこと、わかってる？」と、お葬式に集まってくれた叔父や叔母が聞きます。私は「わかってると思う」と、みんなにキクナとのお別れの時の話をしました。

そうして葬儀が始まり、十分してアルモモのヘルパーさんが迎えに来てくださった時のことです。トマトが、はっきり「嫌！」と大きな声で言ったのです。

私もヘルパーさんも、びっくりしました。トマトの発する言葉を聞いたのは、いつぶりだったでしょう。五、六年ぶりだったでしょうか。

それで、そのまま出棺までいてもらいました。

入院して八ケ月、ナッパはひたすらトマトのために生きようと頑張ったので、トマトも頑張って、ナッパのそばにいようとしたのかもしれません。

気丈な父でしたが、さらに気丈な母です。ちゃんと送り出すのは、妻の務めし思ったのかな。

やはり人の芯の部分というのは、認知症にも奪えない。

トマトを残していくのを、ナッパは心配でたまらなかっただろうな。

でも、トマトのことはまかせてと、私はナッパに言えませんでした。

ナッパはさいごのさいごまで、トマトを守りたかったと思うのです。

でも、もう言わなくてはいけません。

「あとはまかせてね、お母さんのこと、私たちが守っていくからね」

まだまだ大変なことがあるかもしれないけれど、だいじょうぶ。

明日は明日の風が吹く……と、トマトがよく言っていました。トマトの大好きな映画「風と共に去りぬ」の、スカーレット・オハラのセリフです。

今日どんなにつらくても、明日になれば変わるかもしれない。先のことばかり考えずに、明日よい風が吹くと信じましょう。そう信じて、下を向いて泣いていないで、さあ顔をあげて。

文　楠 章子（くすのき・あきこ）
1996年「ジャンプ・ジャンプ！」で毎日児童小説（中学生向き部門）で優秀賞を受賞。2005年『神さまの住む町』でデビュー。17年『ばあばは、だいじょうぶ』で「児童ペン賞」童話賞を受賞、映画化される。著書に「古道具ほんなら堂」シリーズ、『はなよめさん』『ゆずゆずきいろ』『ゆうたとおつきみ』『夢見の占い師』『まぼろしの薬売り』『ハニーのためにできること』「知ってびっくり！歯のひみつがわかる絵本」シリーズなど多数。

まんが　ながおか えつこ
児童書、絵本、雑誌、web、商品パッケージの挿絵などのイラストを手掛ける。装画・挿絵を担当した本に『コーヒー豆を追いかけて』『凸凹あいうえおの手紙』「知ってびっくり！歯のひみつがわかる絵本」シリーズなど。夫婦で珈琲豆焙煎所マウンテンを経営。

解説ページ監修　瀧本 裕（たきもと・ゆたか）
愛仁会千船病院脳神経内科主任部長。認知症や脳血管疾患の診療、もの忘れ外来、認知症ケア回診、院内デイケア、認知症相談会などの活動を行う。日本認知症予防学会専門医、厚生労働省認定認知症サポート医、日本内科学会総合内科専門医・指導医、大阪市認知症短期集中支援チーム医師。

ブックデザイン　五十嵐ユミ

お母《かあ》さんは、だいじょうぶ

認《にん》知《ち》症《しょう》と母《はは》と私《わたし》の20年《ねん》

印刷　2019年5月1日
発行　2019年5月15日

文　楠《くすのき》 章《あき》子《こ》
まんが　ながおか えつこ

発行人　黒川昭良
発行所　毎日新聞出版
〒102-0074
東京都千代田区九段南1-6-17　千代田会館5階
営業本部：03（6265）6941
図書第一編集部：03（6265）6745
印刷・製本　光邦

ISBN978-4-620-32587-3